最速で10倍の

結果を出す

他力思考

小林正弥

プレジデント社

はじめに

最小の努力で、最速かつ圧倒的な結果を出す驚異のノウハウ

本書を手に取っていただき、ありがとうございます。
この本を手にしたあなたは、

「最速で圧倒的な結果を出したい」
「自分が頑張らなくても結果が出る仕組みをつくりたい」
「上手に人の力を借りたい」
「お金と時間から自由になりたい」
「ムダな努力をせず、最小の努力で最大の結果を得たい」

このような理想を、お持ちではありませんか？

にもかかわらず、あなたは今、自分が望んでいるような結果を得られていない。だから本書を手に取ったのだと思います。

だとしたら、今、具体的にあなたの何が良くないのでしょうか。そして、現状を打破するためには、何を変えればいいのでしょうか。


私は、断言します。

「自力思考」をやめ、「他力思考」に切り替えること。


これだけであなたは、望み通りの結果を手にすることができます。

頑張っても結果が出ない状態から、頑張らずに自分を超えた結果が出せる状態に変えることができます。**しかも、圧倒的短期間で。**

なぜ、私がここまで力強く言い切ることができるのか？

自己紹介を兼ねて、簡単に説明させてください。

自分で頑張る人ほど、不幸な、貧乏暇なし地獄に陥る現実

私は現在、ビジネス教育者として、教育スクール事業の経営や執筆活動を行いながら35歳で1億円プレイヤーを達成し、月の半分は海外を訪れています。

そもそも、平凡な私がなぜ35歳で1億円プレイヤーになれたのか？
なぜ、毎月2週間も海外に行けるのか？

その秘密をお伝えましょう。

今からさかのぼること、約2年前の話です。
ウエディングプランナーとして働いていた女性（現在の妻）にお付き合いを申し込んだ私は、半年間の交際をする中で結婚を意識し始めました。

（結婚を意識してもらうにはどうしたらいいか……）

しかし、いくら自分の頭で考えても妙案は浮かびません。

自分で考えるのをやめて、彼女に直接聞けばいいとひらめいた私は、デートの当日、次のような質問を投げかけました。


「なんでもできるとしたら何がしたい？」

すると、妻からこのような答えが返ってきたのです。

「新婚旅行で世界一周したい!!」

さらに間髪入れず、

「本当に叶えてくれるの？」

と念を押されました。

妻のあまりの勢いに飲まれた私は、つい反射的に「も、もちろんだよ……」と答えてしまいました。


とはいえ、当時の私は、今のようにゆとりあるものではありませんでした。

当時、中小企業の集客支援コンサルタントとして、休みもないほど仕事に追われ、全国のクライアント先を駆けずり回っている状況でした。
さらにいえば、結婚の数年前には、業務委託の仕事がゼロになり、交通費なし、時給９００円のラーメン店で皿洗いのアルバイトをするほど追い込まれていて、当時ようやくその苦境から脱しつつある最中でした。

「どうしたら、妻を世界旅行に連れて行けるほどの経済的自由を実現することができるのか？」

自問自答を繰り返す中で、ある日、先輩経営者から次のようなことを言われました。

「コンサルタントというのは所詮、他人のふんどしで相撲を取る仕事。ただの高額人材派遣だな。そのうち価値がなくなってゼロ円になる。いつか体にもガタが来るだろうから、今のうちに手を打たないとまずいよ」

あまりに的を射すぎていて、返す言葉もありませんでした。

しかし、この先輩経営者からのひと言が、私の人生を変える劇薬となったのです。

「自分の頭や手足を使って頑張る『自力思考』には限界がある。収入、時間、場所、成長、すべての面で自由になるには、他人の力を借りるほかない」

スイッチの入った私は、ここから働き方を180度変えました。

具体的には、**自分の力だけで頑張る「自力思考」をやめ、他人の力や応援を借りながら、自分を超えた目標を達成する「他力思考」にマインドシフトしたのです。**

すると、わずか半年で働く時間は半分になり、収入は3倍に。妻と約束した世界一周旅行を果たしたばかりか、自身の目標であった1億円プレイヤーまで達成することができたのです。

「他力思考」に切り替えれば「必要なものはすべてある世界」に変わる！

ではここで、「自力思考」と「他力思考」の定義について紹介しましょう。

自力思考7つの特徴

①自分の頭を使う：アイデアを自分だけで考え、行き詰まる
②自分の時間を使う：自分の時間だけを使って、休みが1日もなくなる
③自分のお金を使う：自分の予算内で小さなことをやる
④自分の手足を使う：誰かの代行業務で忙殺される
⑤自分のエネルギーを使う：自力でなんとか頑張り、疲れ果てる
⑥自分の人脈を使う：いつも同じ人たちと付き合い、新しい出会いやチャンスがない
⑦自分のモノを使う：仕事のツールは自分で購入。古くなったら買い換える

自力思考で働いていた頃の私は、どんなに頑張っても努力と報酬が比例しませんでした。

限界まで働き、倒れ、また休みなく働く、というラットレースの繰り返しで、過労のため倒れてしまったこともありました。

しかし、「他力思考」へと考え方を変えてから、世界が全く違って見えました。競争という殺伐とした世界から、分かち合いの幸せな世界に変わったのです。

そして、すべてとつながり、**「必要なものは全部ある」**という感覚に包まれるようになりました。

このように、私に幸せをもたらしてくれた「他力思考」の定義は次の通りです。

他力思考7つのポイント

①人の頭を使う：自分の頭だけでなく、成功した人に知恵を借りる

②人の時間を使う：ブログやYouTubeで発信し、相手の時間を使って、価値提供する

③人のお金を使う：採用・教育にお金を使わず、コミュニティメンバーから受講料を受け取り、自立型組織をつくる

④人の手足を使う：代行型から教育型に切り替え、自分の手足は動かさない

⑤人のエネルギーを使う：成功者の自信を借りて、新しいことに挑戦する

⑥人の人脈を使う：影響力のある人からキーマンを紹介してもらう

⑦人のモノを使う：書籍はデキる先輩からあえて借りる。ビジネスは基本的にgoogleの無料ツールを使う

他力思考になるための具体的な方法や活用の仕方については、このあとの本文に譲りますが、私は「他力思考」をきっかけに3年で、念願の1億円プレイヤーになることができました。

また、3冊の書籍を出版し、全国の読者とつながることもできました。

おかげさまで、今は各業界のトッププランナーと毎月対談し、知的好奇心が刺

激される日々を過ごしています。

そして今、自力思考マインド一杯で「好きなことで食っていけるほど世の中甘くない！」と信じていた自分に言ってやりたいです。

「嫌いなこと、苦手なことは、全部人にお任せしていいんだよ」と。

「他力思考」を使うと、どうなるのか？

ただ、他人の頭と時間を使うと言われても、いまひとつピンとこない人も多いでしょう。そこで、他力思考に切り替えたことをきっかけに、圧倒的結果が出るようになった人たちの事例をいくつか紹介します。

◎上司の力を借りて出世した会社員Aさん（人の頭・時間・手足）
上司の力を使って、入社直後にトップセールスマンになった営業職Aさん。

新入社員だったため、セールストークに自信が持てないと自覚したAさんは、自力で売るという考えから一旦離れて、上司に同行してもらって売ることを思い付きました。

「すごい上司がいるので、一度会ってください！」と、上司とともに営業先を訪れ、次から次に契約を決めていきました。同行営業で上司の営業術を学び、自身の営業力も飛躍的に向上。

今では部下を束ねる営業マネージャーとして活躍しています。営業に他力を活用した事例です。

◎代行サービスを活用して起業したBさん（人の頭・手足）

子供との時間を大切にしたいと思い、自宅起業でお金と時間の自由を手に入れたBさんでしたが、当時は、時間もなければ、アイデアもない状態でした。

そのような中、家事代行サービス、シッターサービスを活用して時間を捻出。起業で活躍している先生に師事し、今は物販で成功を収め、仕事、子育て、旅行をバランスよく楽しんでいます。起業と子育てに他力を活用した事例です。

◎クラウドファンディングでプロジェクトを立ち上げたCさん（人のお金）

「子育ての分野で世界的に有名な講師を呼びたい！」と立ち上がった女性起業家のCさん。クラウドファンディングで資金調達したところ、友人知人がSNSで告知。

シェアがどんどん広がって、あれよあれよという間に目標金額に到達し、プロジェクトを成功させました。

お金が夢を叶えるのではなく、夢がお金を引き寄せた事例です。

◎お客様の紹介でトップセールスになれたDさん（人の人脈）

「紹介マーケティング」で1億円プレイヤーになったプロセールスマンのDさん。独自の紹介の仕組みをつくり、お客様の信頼を借りて、次々と「紹介」で新規顧客開拓に成功。紹介者の信頼を担保にほぼ100％契約になり、断られることなく、業績を伸ばし続けています。営業に人脈を活用した事例です。

◎先生が教えなくても成績が伸びる学習塾の経営者Eさん（人の時間）

「自分で勉強できる子が育つ」をテーマに、独自の教育プログラムを提供する学習塾経営者のEさん。

オンライン授業を活用し、自宅での学習サポートを中心に、子供が自分で勉強できる仕組みを提供しています。先生の働く時間を延ばすのではなく、生徒の学習時間を活用した事例です。

「他力思考」は、自分を超えた夢が実現できるようになる魔法の翼

大事なことを、ここでもう一度お伝えます。

「自力思考」から、「他力思考」に切り替えること。

あなたが自力思考を続ける限り、あなたの望むような結果を出すことはでき

ません。なぜなら、**1日24時間、1年365日は誰がどうやっても増やせないからです。**

また、自分の頭で考えるということは、「過去の延長線上」で答えを出そうとしていることであり、過去の延長線上では、現状を打破するようなビッグアイデアは生まれません。

つまり、「自分の頭と時間」をいくら使ったところで、自力には限界があるのです。

そこで、本書では、**すでに結果を出している人の「頭を使い（知恵や経験をお借りし）」、自分以外の人の「時間を使う（協力していただけるようにする）」「他力思考」について紹介していきます。**

「1馬力で結果を出そうとする」のではなく、「100馬力を使って結果を出す」、そして頑張らない、楽しい目標達成法です。

この思考法では、特別なことをする必要はありません。また、お金がかかることもありません。

いつもあなたがやっている考え方を少し変えてみるだけ。それだけであなたの視野は広がり、現状は大きく変化していきます。

さあ、力を抜いて、他人に委ね、高く、遠くへ飛んでいく自分を意識してみましょう。

本書で紹介したいくつかのノウハウを試すだけで、あなたが今より頑張らないで、何倍もの結果が出せるようになることをお約束いたします。

目次

最速で10倍の結果を出す他力思考

第1章

なぜ、頑張れば頑張るほど、成功が遠のいていくのか？

第2章

自分を超えた夢が現実化する！「他力思考」7つの技法

⑤自力思考の人は「人と競争する」
他力思考の人は「人と共創する」
⑥自力思考の人は「孤独になる」
他力思考の人は「人とつながっていく」
⑦自力思考の人は「欠乏感が高まる」
他力思考の人は「充実感が高まる」
⑧自力思考の人は「想定以下の結果しか出ない」
他力思考の人は「想像以上の結果が出る」
⑨自力思考の人は「不幸になる」
他力思考の人は「幸せになる」
⑩自力思考の人は「労働者的マインド」
他力思考の人は「統治者・オーナーマインド」

第3章

Before ③自分のお金を使う
人を採用・教育するも、辞めてしまう

After ③人のお金を使う
受講生にお金を払ってもらい、コミュニティメンバーの採用と教育を行った

Before ④自分の手足を使う
広告やチラシの制作代行をし、考える時間がなくなる

After ④人の手足を使う
仕事の代行を一切やめて、事務作業はすべてアウトソーシング

Before ⑤自分のエネルギーを使う
なんでも自力で頑張り、疲れ果てる

After ⑤人のエネルギーを使う
「お客様の成功事例」を強みとしたマーケティング

Before ⑥自分の人脈を使う
新しい出会いがなく、人脈が広がらない

After ⑥人の人脈を使う
会いたい人には、大切な人に紹介してもらって会う

Before ⑦自分のモノを使う　仕事のツールは自分で購入。古くなったら買い換える

After ⑦人のモノを使う　書籍はデキる先輩からあえて借りる。googleの無料ツールを使い、シェアリングサービスを利用する

目標を達成するための他力思考　まとめ

- 「もらうのではなく、借りている」という気持ちがあるか
- 他力思考を支えているのは、自力思考
- 「自力×他力」の最大化が、とてつもない目標を達成させるコツ

第4章

人生に役立つ「他力思考」を磨く5つのステップ

第1章

なぜ、頑張れば頑張るほど、成功が遠のいていくのか？

Get the
Best Results

頑張れば頑張るほど人が離れ、孤独になる「自力思考」

私の父は、製造業の二代目社長です。

父は、典型的な自力思考の人間です。

例えば、優秀な営業マンが入ってきても、その人と競争してしまうので、社員が辞めてしまう。

父は人一倍、勉強熱心な人でしたが、その努力は逆効果として現れました。たくさんの成功哲学、目標達成の書籍を読み漁り、自己啓発セミナーに参加してはハイテンションになって、度を超した笑顔とオーバーリアクションで私たち家族に面倒がられる。

私たち家族と父との間に共有した時間がたくさんあったかというと、その逆でした。付き合いで入会した日本青年会議所で理事長まで務めたこともあり、年に300日は、会議という名の飲み会に出かけ、家族の夕食の時はほぼ不在。たまに家に帰ってくるかと思うと、酔い潰れて代行車で帰宅。酔って、車の中で寝ていたことも数回ではありませんでした。

思い返すと、私と弟がまだ幼かった頃、父が私たちと食事をしたのは、年に数日だったと思います。「あのおじさん誰？」と言われそうになるほど、私たちと父の距離は離れていました。

今思い返すと、父は家族の中で一番頑張っていました。

しかし、社員の応援、家族の応援を受け取れない人でした。

私たち家族を置き去りにして、何のために頑張っていたのか、当時の私にはまるで分かりませんでした。

父は頑張れば頑張るほど、周囲に厳しく当たり、社員からも家族からも嫌われていったのです。

友達と楽しく騒いでいるだけで父に殴られたある日、私は「学校を卒業したら絶対父と縁を切ってやる」と強く決めたほどでした。

ところが、ある時、あれほど嫌いだった父と、自分が全く同じプロセスを歩んでいることに気づいたのです。

それは、あるプロジェクトの終了直後に起こりました。

突然メンバー全員から、いかに私とは働きたくないか、声を震わせながら指摘されたのです。

自分の乱暴な言葉遣いは課題だと思いつつも、同じ目標に向かっている仲間だと思っていたので、裏切られたような思いでした。

帰り道、「こんなに頑張っているのに、なぜ誰もわかってくれないんだ」と怒りがこみ上げてきたのです。

仕事でもプライベートでも、「自分が一番頑張っていて、周りはだらしない」と思いこんでいた私は、一人になっても自分が悪いのではない、周りがダメなんだと人のせいにばかりしていました。

ところが、ひとしきり他人を責めた後、言葉にできない寂しさ、孤独が忍び寄ってきたのです。

「私がやっていることは父と同じではないか……」

Get the
Best Results

他力を使えない人の残念な4つの共通点

ここで、あなたに確認してもらいたいことがあります。

世の中には、頑張っても頑張っても他力が使えない人がいます。

あなた、もしくはあなたの身近な人は、次のいずれかのタイプに当てはまっていませんか？

他力が使えない4つのタイプ

①頑張り屋タイプ

本当は困っているのに、誰かに手を差し伸べられても「大丈夫です！　自分で頑張れます」と協力を断ってしまうタイプです。

頑張り屋タイプは、1馬力で勝負しようとするので、他力が使えません。

周囲の人たちも、困っているからと思って協力、応援しようとしても、その手を撥ね除けられるとどうしようもありません。

私のところに来る生徒も同じです。

私は200名ほどのビジネスコミュニティを主宰しているのですが、「結果が出てから報告します」という頑張り屋タイプは、頑張っている割に結果が出るのが遅くなる傾向にあります。

講師と生徒は、「生徒の結果を出す」という共通のゴールに向かう同志です。

自分にはない知恵や人脈を得ようと思ってコミュニティに参加するのだから、遠慮なく借りたら良いのです。

にもかかわらず、頑張り屋タイプは、チームや周りの人たちと張り合ってしまい、浮いてしまいがちになります。

優秀なプレイヤーが必ずしも、優秀なマネージャーになれない理由はここにあります。

一方、結果が早く出せるのは、こまめに相談する人です。

私のコミュニティにいる営業職のDさんは、お客様からの紹介でトップセールスになっています。お客様にこまめに相談するから、「こんな人いるから紹介するよ」と紹介をいただけるのです。その結果、彼の営業成績はうなぎのぼりで上昇しています。

人間関係は、貸し借り、助け合いの中で深まっていきます。

仕事だけでなく、プライベートでも、ちょっと抜けていて、隙があるくらいのほうが好かれます。

人の「好き」は、「隙」に入ってくるのかもしれません。

頑張り屋タイプの処方箋としては、**相手が手を貸してくれる時は遠慮なく借りて、借りた後は「ありがとう」と感謝を伝えましょう。**

それは、相手からの「気持ち」を受け取ることでもあります。

例え相手からの申し出がなくとも、自分が苦手で相手の好きなこと、得意なことの場合は、「ちょっとお願いしてもいいかな」と言ってみましょう。

案外「待ってました！」と喜んで協力してくれるかもしれません。

友情や愛情も相手との貸し借りの中で、育まれていくものなのです。

②競争心旺盛タイプ

競争とは相手を負かすこと。勝ち負けは人との分離を生むので、1馬力しか使えません。

私の周りでも、競争心が強い人は一匹狼になりがちで、人と交わりません。ところが、ビジネスチャンスは、得てして人を介してやってくることが少なくありません。

そのため、人と交わらない人は、どうしてもチャンスが少なくなります。

私のコミュニティでの事例をいえば、コミュニティ内でのつながりから仕事を受注して業績が伸びている人がいる一方で、競争心の強い人は、自力で頑張って苦戦しています。

競争心旺盛タイプの処方箋としては、**「目的と手段を一緒にしない」ことです。**

営業成績を伸ばしたい、という目的があったら、手段は何でもよいのです。

自力で頑張る方法もありますが、上司や同僚、お客様の協力を得て、みんなと目的を達成する道もあります。

他力を使って達成した時ほど、分かち合う仲間がいて喜びも格別です。一人だけの達成会より、仲間との達成会のほうが楽しい。

一人だけの残念会より、仲間との残念会は勇気が湧いてきます。そう考えて他力を使ってみましょう。

③八方美人タイプ

八方美人タイプとは、自分の軸を持たず、相手に好かれようと自分をコロコロ変える人のことです。

自分の都合で方針を変えると、誰からも信頼されません。

信頼されない人が、他力を使うことはできません。ビジネスでも恋愛でも、上っ面でいろいろなところに出入りしている人は、大切な人を紹介されないからです。

名刺の数は多いけれど、深い人間関係は築けず、根なし草のようになってしまいます。

八方美人タイプへの処方箋としては、**「目先のメリットだけで人と付き合わない」と決めることです。**

目先のメリットではなく、好き嫌いで人と付き合うようにするのです。

嫌いな人とはあえて付き合わなくてもよいでしょう。

嫌いな人と付き合うことは、自分自身に対する虐待です。とはいえ、面と向かってNOと言う必要はありません。

私のお勧めは、**「既読スルー」状態です。**

人間関係は概ね、スルーしておけば自然と切れていきます。

もしも相手から空気の読めないリマインドが来たら、「忙しくて返信するのを忘れていました。ごめんなさい」と伝えつつ、さらにスルーすればよいのです。

繰り返しますが、**心の中でNOな人にYESを言うのは自分への虐待**です。

他力は長期的関係の中に発動します。可能な限り長く付き合える好きな人とだけ付き合いましょう。

④チェック魔タイプ

人は誰しも、「あれやった？　これやった？」と一つひとつチェックされるのは嫌なものです。

また、常にチェックしていると、相手は思考停止に陥り依存的になってしまいます。どのみちチェックされるのだから、相手に意見をもらってから行動しよう、となってしまうのです。

過度なチェックは、相手を信頼していないことが伝わるため、ある時、急に人が辞めたり離れていきがちです。成功している起業家から、教わったアドバイスがあります。

「社長が現場に入って指示を出しすぎると、スタッフは萎縮し、イエスマンになり、結局、社長自身が1馬力で頑張らないと回らない体制になってしまう」。

チェックやアドバイスをしすぎると、他力が使えなくなる……。

私はそれ以来スタッフに対して、大きな方針に沿っていればあえて見て見ぬふりをするようになりました。

Get the Best Results

あなたより10倍お金持ちの人は、あなたの10倍才能があるわけではない

このように他力を使えない人には、特徴があります。

ただ、みんながみんな他力を使えないといけないわけではありません。

自分ひとりで完結できる目標なら他力は不要ですし、なかには自力でなんとかできる人もいるでしょう。それはそれで全く問題はありません。

しかし、**自分の枠を超えるような大きな目標を達成したい時、あるいは自分ひとりでは成しえないような夢を実現したい時、「他力思考」は絶大なパワーを発揮します。**

例えば、あなたより10倍お金持ちの人は、あなたの10倍の才能があるわけではありません。

また、あなたの10倍働いているわけでもありません。ただ単に、**あなたの10倍、他力を使っているだけなのです。**

実際、私が出会ってきたお金持ちは、自力に秀でているのではなく、他力に秀でていました。

大きな夢と同時に、自分の弱さを認め、他力に感謝する謙虚さを持ち合わせていました。

他力思考を身につけると、あなたが10倍の成果を出したければ、10倍の成果が、100倍なら100倍の成果が達成できるようになるのです。

自力思考	他力思考
1馬力	100馬力
頑張る	脱力
苦しい	楽しい
犠牲	好奇心
競争	共創
孤独	つながり
欠乏感	充実感
想定以下	想像以上
不幸	幸せ
労働者	統治者

Get the Best Results

山の頂上には、歩かなくても、車やヘリコプターで行けばいい

iPhoneをつくったのはスティーブ・ジョブズだと言われています。

はたしてそうなのでしょうか？

もちろん、彼の存在なくしてiPhoneはこの世に存在しなかったでしょう。

しかし、iPhoneは、彼ひとりでつくったわけではありません。プロダクトデザイナーのジョナサン・アイブ、オペレーションのプロ、ティム・クックら、多くの人たちの頭脳が結集されてiPhoneは生まれ、世界的なヒットになったのです。スティーブ・ジョブズが革命的な人物であったことは間違いありませんが、彼ひとりの頭脳でiPhoneやApple社の素晴らしい製品サービスが生み出されたわけではありません。

また、ジョブズひとりでiPhoneを組み立てたわけでもありません。自分の

手足だけを使って働くのは限界があります。例え、ジョブズがどんなに組み立てが速くても、10倍、100倍に生産性を伸ばすことは不可能です。

自分の手足だけを使って働くということは、ジョブズが1人で、設計から部品調達、組み立て、販売までやっているのと同じです。

山登りでいえば、頑張って一段ずつ、えっちらおっちら言いながら、階段を登って頂上を目指すようなものです。しかし、山の頂上には、歩くだけでなく、車やヘリコプターで行くこともできます。

車やヘリコプターのつくり方、操縦方法を自分で知っておく必要はありません。あるものを借りたり買ったりすれば、頂上まで楽々とたどり着くことができるのです。

大きなことを成し遂げたい、自分の限界を超えた目標を達成したい、と思うなら、自分の手足を使うだけの働き方の枠組みから出る必要があります。

Get the Best Results

自力思考の人と他力思考の人、その差はココだ！

さて、ここからは、自力思考と他力思考の違いを明らかにしていきます。

①自力思考の人は「1馬力」
他力思考の人は「100馬力」

自力思考の人は「1馬力」しか使えません。

しかし、他力思考の人は「100馬力」を使うことができます。

例えば私は、出版やeラーニングによって、1日を無限大に増やしています。書籍は、1日1時間読んでくれる人が1000人いたら、1000時間分の価値提供をしていると考えられます。

eラーニングも同様です。

1日1時間学習してくれる生徒が世界中にいることで、1000時間分の価値を提供しているのです。

ひとりで年間1億円を売り上げる社長より、年間5000万円を売り上げる営業マンを5人育てている社長のほうが、例え自分が1円も売らなくても、年間2・5億円の経済価値を生み出しています。

自力思考は1馬力、他力思考は100馬力です。

②自力思考の人は「頑張るモード」
他力思考の人は「脱力モード」

今、私は年間1000万円を稼ぐ人、3000万円を稼ぐ人、1億円を稼ぐ人、と付き合っています。かつて私自身も経験してきた道です。

彼らをつぶさに見ていて、そして私の体験も踏まえて言えることは、年間1000万円を稼ぐ人が一番頑張っていて、1億円を稼ぐ人が、一番力が抜けているということです。

つまり、**努力と報酬が比例するわけではないのです。**

年間1000万円を稼ぐ人は、「自力思考」で、全部自分で頑張ります。

商品開発、集客、セールス、事務作業まですべてひとりで行うので、人によっては365日休みなく働きます。一方で、1億円を稼ぐ人たちは、自分がやりたいこと、得意なこと以外は、すべて他力を使います。

私自身はひとり経営ですが、10名ほどの専門家とチームを組んで、ビジネスの仕組みを構築しています。

自分自身はやりたいことだけをやっているので、労働という感覚はありません。2019年は毎月の半分は妻と海外を訪問していましたが、私がいなくてもビジネスは問題なく回っています。

他力思考でビジネスモデルとチームを構築すれば、脱力して、好きな人と、好きなことをやっているだけでお金が入ってくるのです。

③自力思考の人は「苦しい」
他力思考の人は「楽しい」

「他力思考」で楽しく結果を出している人の辞書に「モチベーション」という

言葉はありません。

遊園地を遊び回る子供のように、朝から晩までやりたいことをやっているからです。

一方、「自力思考」で頑張っている人は、「モチベーションをどう上げたらいいか？」を試行錯誤しています。

この前提には、人生にやる気が上がらないことがあるからです。これも「自力思考」の罠です。

やる気が上がらないなら、さっさとやめたほうがいい。モチベーションを会社にマネジメントされるなど、奴隷と変わりません。

私は事務仕事が苦手なので、すべて代行しています。

その分、自分が得意でお金を生み出すことに集中できるので、代行サービスを活用するほど売り上げは伸びています。

限られた人生で、嫌いなこと、苦しいことをやるのは、自ら牢獄に入るようなものです。

④自力思考の人は「犠牲感」

他力思考の人は「ワクワク、好奇心」

嫌いなこと、苦手なことをやって結果を出そうとしている人は、犠牲感情が伴ってきます。すると、人にも犠牲を求めるようになります。

「自分がこんなに辛いのだから、お前も苦しめ！」といった具合です。

社員のためだと言いながら、ブラック企業化させる社長がその代表です。

「他力思考」で好きなことだけをやって結果を出している人は、ワクワクや好奇心で生きています。楽しくないことはさっさとやめていいのです。

自力思考的教育を受け続けると、やりたいことではなく、やるべきことばかりであふれて、自分の好奇心やワクワクの源泉に蓋をしてしまいます。

⑤自力思考の人は「人と競争する」

他力思考の人は「人と共創する」

私は会社員時代、営業職を担当していました。「自力思考」で、ひとりで頑張っていた時は、周りの営業マンは全員ライバル。

「数字が人格」だと言われ、未達成の時は、何度も自分を責めました。

今は、「他力思考」でチームとのかけ算で成果を上げています。

集客する人、セールスする人、お客様をサポートする人。

分業してチームで結果を出し、喜びと報酬を分かち合っています。自力思考は人と競争し、他力思考は人と共創します。

あなたの働き方は、競争と共創、どちらでしょうか？

⑥自力思考の人は「孤独になる」
他力思考の人は「人とつながっていく」

自力思考の人は、人と競争するので、人と分離して孤独になっていきます。

頑張って、頑張って、頑張り抜いて、最後にたどり着いた場所に家族も仲間もいなくて、たったひとりだったら「何のためにここまで走ってきたんだろう？」という気になります。空虚な未来が待っています。

一方、「他力思考」は人とつながっていきます。

自分と相手の垣根がなくなっていきます。楽しく結果を出し、みんなと達成の喜びを分かち合えるのです。あなたは今、何人と深くつながっているでしょうか?

⑦自力思考の人は「欠乏感が高まる」他力思考の人は「充実感が高まる」

「自力思考」で生きると、すべてが完璧にできないと、自分を罰してしまいます。自分より能力が高い人、お金持ちの人、こういった人を見ると、自分の足りないところが気になってしまうのです。

このような人は、比較地獄に陥ります。

どんなに頑張って達成しても、人と比べてしまうから充実感は一瞬で、次の瞬間には欠乏感がブラックホールのように膨らんでいくのです。

一方、「他力思考」の人は、「今も十分にある、今も十分に幸せ」と満たされた感情に包まれています。

必要なものは、自分自身が持っていなくても、大抵この世の中にある、という感覚です。

例え銀行口座にお金がなくても、誰かが持っている。その誰かに資金援助してもらえれば、必要な資金はあるという発想です。

実際、クラウドファンディングで資金調達に成功し、自分のお金を使わずに、プロジェクトを成功させる人たちがいます。

また、自転車も、車も、洋服も、シェアリングサービスが普及しています。

「自分が所有していなくても、必要なものはすべて、もうある」という感覚に包まれる。だから毎日が満たされている人たちです。

そのような人たちは、「今も幸せだけれど、もっと楽しいことにチャレンジしてみよう！」となるのです。

⑧自力思考の人は「想定以下の結果しか出ない」
他力思考の人は「想像以上の結果が出る」

「自力思考」の人は自分の頭だけで考えるので、過去からの延長線上の未来しか描けません。頭の中には過去の記憶しかないからです。

旅行に例えるとわかりやすいのですが、「自力思考」で考えた場合、過去に行ったことのある旅先にしか行けないわけですから、未知の国、行ったことのない国に行こうという発想は浮かびません。不安で動けなくなります。

しかし、「他力思考」で人の頭を使えば、行ったことのない国、自分の知らない国に行くには「知っている人に聞けばいい」と考えて、人に知恵を借りることができます。

南米に行きたいなら、行ったことがなくても旅行会社に問い合わせて、彼らの頭脳を借りればいいからです。

詳細な旅行日程、予算も彼らが提案してくれます。

旅行に限らず、ビジネス、ダイエット、語学、何でも同じです。特に1年以上、「自力思考」で考えて結果が出ないのなら、自分の頭を信じないほうがいい。

私は20代の頃、ダイエットに失敗してきました。

しかし、30歳の時にコーチにお願いしてダイエットに励んだところ、2カ月で10キロ痩せて、それ以降リバウンドしていません。自力でダイエットに取り組んでいたら、今でもメタボだったと思います。

このように「他力思考」なら、成功している人が知恵を貸してくれて、彼らが成功へのナビゲーターとなり、あなたの想像以上の未来へと引っ張ってくれます。

⑨自力思考の人は「不幸になる」他力思考の人は「幸せになる」

章の冒頭でも触れた通り、私の父はまさに自力地獄にハマっていました。

私が小学三年生の夏休みの時に、一度家族がバラバラになってしまいました。両親は離婚を考え、別々の生活を始めました。

その年の夏休みは、私と弟は、母方の祖父母の家で過ごしましたが、長い休みが終わると、急に現実に引き戻されます。

父も母も、自力で頑張っていたと思います。父は会社の業績を伸ばすため、母は子供を育てるため、お互いの正義のために頑張っていました。けれども、あるタイミングで、お互い歩み寄ることができなくなってしまいました。

自力思考で頑張りすぎると、人と分離し、幸せは遠のきます。

「他力思考」を使えば、人と共創し、つながり、充実感でいっぱいになります。必要なものはすでに誰かが持っていて、必要な時に手に入る、という安心感に包まれ、幸せな毎日を過ごすことができます。

⑩自力思考の人は「労働者的マインド」
他力思考の人は「統治者・オーナーマインド」

一般的な会社員、フリーランス、自営業者は「自力思考」です。

自分の頭、時間、手足を使ってお金を稼ぐからです。

私自身、最も「自力思考」に頼っていた時は、時給900円の日雇いのアルバイトでした。

日雇いの仕事は、翌日には収入はゼロリセットされます。この貧乏ラットレースを何年、何十年もやるのかと思ったら、人生をリセットしたい気持ちになりました。

一方で、億を稼ぐビジネスオーナーは「他力思考」を使っています。

自分以外の優秀な頭脳、たくさんの人の時間や手足を使えるビジネスモデルとチームを構築し、お金を稼ぐからです。たくさんの人とつながり、お金と喜びを分かち合っています。

自力思考は出口のない貧乏ラットレース、他力思考は豊かな資産家への道です。現在の立場や職業は関係ありません。

会社員でも、上司の力を活用してトップセールスになる人もいます。

お客様の力を使って「紹介」で顧客開拓していく人もいます。

あなたの思考が将来の働き方、収入を決定するのです。

自力思考の人は、誰かの問題解決に忙しく、他力思考は、自分で掲げたビジョンに人を巻き込みます。

野心を超えたビジョンに他力は集まるのです。

自力と他力のかけ算で、自分の能力、労働時間を超えたお金を受け取る仕組みを、今からつくりませんか？

今こそ、自分の頭と手足だけを使う「自力地獄」から抜け出そう！

第2章

自分を超えた夢が現実化する！「他力思考」7つの技法

Get the Best Results

目標設定する時に、達成する手段まで知っている必要はない

この章では、他力思考を身につけるために必要な7つの技法を紹介していきます。

7つの技法を紹介する前に押さえておきたいのが、**目的と手段を間違えてはいけない、ということです。**

私は、「目的」「目標」「手段」について次のように定義しています。

目的：最終的に達成したい夢・ゴール
目標：目的の達成基準（定量的なもの）
手段：目標達成の方法

AI・ロボットが発達してきた今、人間たる活動の一つが目的（夢・ゴー

ル）を決めること。「目的」は決まった答えがありません。

ＡＩやロボットは指定された問題解決はできますが、答えのない問いについて考え続け、自分なりの答えを出すことはできないでしょう。

つまり、「目的」はあなたが決める必要がある、ということです。

どんなにＡＩが優秀でも、どんなに進化しようとも、正解のない目的をＡＩが設定することはできないでしょう。

しかし、「目標」や「手段」については、他力をうまく活用することがポイントになってきます。最終的に達成したい夢やゴールはあなた自身が決め、目的の達成基準や達成方法は、成功した人から教われればOKです。

なぜなら、**目的を設定する時に、達成基準や手段まで知っている必要はないからです。**

私自身、時給９００円の日雇いバイトを辞める決意と同時に、**「ビジネス教育者として、個人の経済価値を最大化する」**という目的を設定しました。当時の状況からすると随分と大層な目的を設定したものですが、安売りのキャリアを打破したい、そして自分のように安売りしている人の役に立ちたい、という、内なる想いから出てきた、紛れもない自分の言葉でした。

しかし、「個人の経済価値を最大化する」というのは抽象的で、達成基準が必要です。達成基準がなければ、目標達成の方法も決まりません。そこで、「他力思考」の発動です。すでに自分が目指す目的を達成している人の書籍を読み、セミナーに参加したり、直接話を聞くことで、具体的な達成基準、達成方法に落とし込んでいきました。（具体的な方法は後述します）

凡人の私からすると、達成したことのない人間には、達成基準や達成の手段まで具体的に落とし込めないと思います。自分でも目標や手段が明確にわかるものは、目標ではなく、過去の延長線上にある単なる予定、ルーティンになってしまいがち。

しかし現実にはビジネスや語学、ダイエットでも同じことをしている人がいます。

つまり、手段まで全部自分で考える人は、過去の延長で生きている、代わり映えのない人生を過ごしていると言えます。

あなたが今の人生を本当に変えたいと思うなら、過去の延長に理想はありません。自力を超えた夢やゴールは、階段やエスカレーターでは到達できないのです。

自分の足では登れないエレベーターこそが必要なのです。

そして、**理想の人生へのエレベーターこそ「他力思考」なのです。**

しかも、他力思考の技法を身につけると、努力不要であっさり夢が叶ってしまうのです。

Get the Best Results

早く行きたいならひとりで行け、遠くへ行きたいならみんなで行け

「早く行きたいならひとりで行け、遠くへ行きたいならみんなで行け」という言葉を知っていますか？

もしあなたが、すべてをひとりで完結したいなら、他力を使う必要はありません。しかし自分の限界を超えた夢や目標を達成したいから、「他力思考」が

必要になるわけです。

わかりやすい例が、スペイン・バルセロナの教会、サグラダ・ファミリアです。1882年の着工から130年以上経っても、いまだに完成していません。着工して100年以上経っても完成しないわけですから、建築家のアントニオ・ガウディをはじめ、当初から建築に携わっていた人たちは、みんな亡くなっています。

しかし、ガウディたちの想いが受け継がれ、他力の連鎖で完成に向かっています。自分だけでは達成できないかもしれない壮大な夢に、他力が集まるのです。

他力思考は、「想いの連鎖」です。

大切なことは、自分ひとりで生きているわけではない、他力のおかげで生きている、という他者への感謝、尊敬の念です。

それではいよいよ、「他力思考7つの技法」について学んでいきましょう。

他力思考7つの技法　その1

人の頭を使う

成功者の稼ぐ思考を借りよう

私は28歳の時に、業務委託の仕事がなくなり、日雇いのアルバイトを経験しました。

時給900円、交通費なしです。手取りで20万円程度、生活費と税金を引いたら、ほとんどなくなりました。

しかも、周りは茶髪の高校生ばかり。彼らは私を見て、「こうはなりたくないな」という軽蔑した目線を送ってきました。

一方、当時の私は家庭の事情でまとまったお金を必要としていました。

そこで、最初は両親に相談しました。

しかし両親からは、冒頭でお伝えした通り関係がギクシャクしていたため「自己責任でしょ」と突き放される始末。

「こうなったら自分で稼いで見返してやる！」と思った私は、電話を切った直後に両親の電話番号を削除。

結果が出るまで連絡はしないと心に定め、「3カ月で月100万円稼ぐ」ことを決意しました。

しかし、いくら決断したところで、たいした稼ぎのない自分には、どうすれば月100万円も稼げるのか、全く見当もつきません。そこで、自分で考えることに降参し、成功している人の頭脳をお借りしたのです。

具体的には成功している人に、**「あなたが私の立場だとして、ゼロから最速で結果を出すには、何をどの順番でやりますか？」と聞いたのです。**

そして、この質問を元にそのやりとりを録音しました。その際、相手とのツーショット写真も撮らせていただきました。

さらに毎日、録音した音声を聞き返し、写真を見ては相手の表情、エネルギーを自分にインストールしました。

不安を感じた時は、「あの人だったら、強気に攻める！」と相手の自信を自分の体に入れました。

営業で提案をする時には、成功している人がやっていることを自分が成り代わってやるようなプレゼンをしました。

提案が終わった後は全身から汗が吹き出し、放心状態でした。

大変緊張しましたが、わずか1カ月間で7社と年間360万円の契約を結ぶことができたのです。とにかく実現するまでは、借り物の自信と戦略に違和感を覚えながらも、ひたすら行動し続けました。

まさに、着慣れない服を着て歩いているような日々でした。

それでも、達成後は、自分の自信、再現可能な戦略を手に入れることができたのです。

途中で馴染みのある過去の自分、自力思考に戻ってしまったら、このような結果は出せなかったと思います。

その後も、他力思考を活用し、お借りする頭脳をアップデートしながら、3年で1億円プレイヤーになることができました。

しかも、月の半分は妻と海外旅行をしながら、です。

これも、1億円以上稼ぎ、世界を自由に旅している人たちの頭脳をお借りした結果です。

「人の頭を使う」を身につけるための具体的方法

「検索力」「質問力」を磨く

あなたの脳は直径何センチでしょうか？

成人だと20センチくらいでしょうか。

他力思考を使うと、脳みそは、無限に広がる知のデータベースになります。無数の賢人、書籍、google、チームメンバー、と脳みそが接続されている感覚です。

記憶に関しては完全に手放しています。「記憶力」より「検索力」、「質問力」です。

「検索力」があれば、googleで必要な知識や情報が引き出せます。

解決策が書いてある書籍を読むこともできます。

「質問力」があれば、解決策を持っている友人や先生に聞くことができます。

「検索力」と「質問力」を磨けば、軽やかに必要なノウハウを仕入れ、目標達成できるのです。

ここで検索のコツを紹介します。

例えば、投資手法の「ドルコスト平均法」という言葉をご存知でしょうか。初めて聞いた方は恐らくこれだけではわからないことでしょう。

そこで、googleで「ドルコスト平均法　とは？」と検索すれば、さまざまな記事が出てきます。

さらにgoogle の「動画」をクリックすると、わかりやすく解説している動画が出てきます。

実際、私は、経済評論家の勝間和代さんのYouTube動画を見て、「ドルコスト平均法」を詳しく理解しました。

もっと投資のことを学びたいと思えば、動画で紹介されている勝間さんの書籍『お金は銀行に預けるな〜金融リテラシーの基本と実践〜』(光文社新書)で知識を深めることができます。

何も勉強せずに投資をするのか、必要な知識を検索し、知識武装してから始めるのか？　で結果は大きく変わります。

ちなみに私は学生の頃、ネクタイの結び方が分からずに苦労しました。
今なら「ネクタイ　結び方」と検索すれば、動画でさまざまな結び方が見られますね。

人生を激変させるパワフルな質問をする時の注意点

「相手の頭を使う」という観点からだと、話し方より質問力のほうが大切です。

なぜなら話し方というのは、自分の中にあるものをアウトプットすることであるのに対し、質問力は、相手の中にあるものをアウトプットしてもらうことだからです。

どのような質問をすれば、相手の素晴らしいアイデアや考えを引き出せるのか？　その視点で考えてみることです。

ここで、これまで私がしてきた質問の中で最もパワフルなものを紹介します。

それは、先にもお伝えした

「ゼロから最速で達成するには、何をどの手順でやればよいですか？」

です。

これは極めて実践的な質問なので、ぜひ活用していただきたいです。

少し補足すると、この質問をする前に、相手がどのように目標達成してきたのか、時系列でインタビューするのがベターです。

なぜなら、**時系列で話していただくことで、相手の頭の中が整理されるからです。**

教え上手な方なら必要ありませんが、自分で結果を出すのと、それをわかりやすく教えるのは異なるスキルです。

ですから、最初に相手に頭の中を整理してもらう意味でも達成したプロセスを話してもらうことは、とても有効です。

その上で、「ゼロから最速で達成するには、何をどの手順でやればよいですか？」と聞きましょう。

ここでは、「最速で」を入れるのがポイントです。

どのような方でも、最短で成功ロードを駆け抜けたわけではありません。

ですから、もう一度ゼロからやり直すとしたら、最初に準備しておくこと、途中で気をつけておくこと、などがきっとあるはずです。

それを聞いておけば、いざ自分が実践する時に余計なことにつまずかなくてすみます。舗装された成功への道を軽やかに歩めるのです。

人間関係は、互いの貸し借りで深まっていくもの

「知恵の貸し借り」というように、知恵は一方的にもらうことはできません。

例え一時的にもらうことができたとしても、長期間その関係が続くことはありません。


なぜなら「人間関係は、貸し借りでできている」からです。


見返りを求めず養ってくれるのは、親だけです。

もちろんすべてが、お金を介するものではありません。

成功した人が、「将来こいつは大物になる！」と思って、見返りを求めずに

教えてくれることもあるでしょう。

しかし、それは相手の知恵とあなたの将来性を交換しているのです。

私が20代の頃は、「小林くんに教えていると、自分の考えが整理されるよ」と喜ばれました。


教わったことをその日のうちにまとめてメールで返信するなど、クイックなレスポンス&相手の頭の整理に役立つことを意図していたからです。

相手から何かを教わりたい場合は、相手の期待値を予測してそれ以上のものを返すことを目指しましょう。

まずは相手が欲しいものを差し出せ

知恵を借りたい人が見つかったら、今度は交換条件を考えます。

相手が欲しいものを、質×量のかけ算で、提供していきます。

例えば、本を書く著者が、人からされて嬉しいことは何でしょうか？

著者は、自分の本をたくさんの人に読んでもらいたいと思っています。ですから、その著者の本を買い、本の内容をブログなどで紹介してくれるのは嬉しいはず。

そこで私が思いついたのが「著者対談」を行い、相手の本や専門性を多くの方に知ってもらうことでした。

その結果、2年間で50名ほどの著者・専門家と対談させていただき、インタビューしながら相手の知恵をお借りすることができました。

撮影が終わった後は、オフレコのディープな内容を教えてもらうことも多々あり、50名の専門家の知恵を短期間で学ぶことができました。

「それは小林さんが著者だからできたのでは？」と聞かれますが、そのようなことはありません。

書評ブロガーや学生団体の人たちも同じことをして、結果を出しています。

いきなり「質」（有名な著者と直接対談）を上げる方法が浮かばなければ「量」をこなすことから始めましょう。

例えば、相手のＳＮＳの投稿に「いいね！」やコメントをすることなら誰でもすぐにできます。

なかには、ＳＮＳは承認欲求の溜まり場だという方もいます。

それなら、なおさら、相手の承認欲求を満たすことを考えればいいのです。

相手に何か与えられる人は、自分で自分の欲求を満たせる人です。

「足りない！　足りない！」「私を見て！　見て！」という人は、自分にベクトルが向いている人で、自分以外の誰も見ていません。自分にベクトルを向けるのか、相手にベクトルを向けるのか、これだけで成功度合いは変わります。

話が少し横道にそれましたが、相手に与えられることの「質」を上げるには時間がかかる場合もあります。

それなら「量」をこなしながら相手の求めるものを差し出し、そのプロセスの中で、相手に与える「質」も高めていけばよいのです。

何もない人は、まず「パーソナルメディア」から始めよう

個人も大企業も、あらゆる規模のビジネスで絶対に必要とされるのが集客です。なぜなら、ビジネスで唯一売り上げをもたらすのは「顧客」しかいないか

らです。つまり、「顧客を連れてくる」ことができるなら、あなたは絶対に重宝されます。

「そのようなことできるわけない」と思ったあなた。そう考えるあなたにまず取り組んでほしいことがあります。

それは、「パーソナルメディアを持つこと」。

あなたが興味のあるテーマでYouTubeやブログを始め、一定の読者が集まれば、それが経済価値になります。

以前、私の「タダ働きのススメ」がyahoo! ニュースに掲載されました。

記事のタイトルはこちらです。

『「タダ働きが一番投資効果がいい」コンサルタントが勧めるスキルと人脈が手に入る「働き方」』
(2019年10月9日配信)
※元の記事はウェブメディア「DANRO～ひとり時間を楽しむ」に掲載。

記事へのコメントの中には、「タダ働きなんてありえない！」という声もありました。

けれども、一定期間は一円にもならなくても、経済価値を蓄積しているのです。私の職業的スキルの多くは、お金をもらいながら磨いたものではありません。「この先生から学びたい！」という方の事務所に入り、一定期間タダで働き、職業的知恵を磨いたこともあります。

専門性がないなら、相手の専門性をブログに書け

あなたの市場価値が上がるほど、交換がラクになり、欲しい知識や情報が入手しやすくなります。

そこで私は、自分自身の市場価値を高めることを意識しています。

具体的には、「知識資産」「人脈資産」といったものです。

けれども、専門性が高まるまで待つ必要はありません。

わらしべ長者のように、最初は藁の一本でよいのです。

自分に専門性がなければ、相手の専門性をわかりやすくブログに書くことから始めましょう。

そうやって、自分なりに相手の専門性を編集することで、あなたの市場価値も磨かれていきます。

その時に大切なのは、**相手の知識を盗もうとせず、お借りしている、広がる支援をしている、というメンタリティです。**

誰も、盗っ人と仲良くなりたくはありません。

あなたの心が行動をつくり、行動が結果をつくります。

感謝や貢献の心で始めれば、同じものが時間差で返ってくるはずです。

結局、他力思考で大切なのは、**「自分の経済価値を磨き、それ以外は他力を使う」ということ。**

相手と競ったり、全部自分でやろうとしたら、人生がいくらあっても足りません。一度の人生で、医者、弁護士、会計士のすべての職に就こうとするのは非常に困難。必要な時に頼れる関係を築くほうが、よほど人生は効率よく進みます。

ここで、**あなたが必要な他力を一度書き出してみましょう。**
そして、その隣に誰が力を貸してくれるのか名前を書きましょう。

教えを実行しながら報告し、フィードバックをもらう

知恵を貸してほしい相手を見つけたら、今度はその人の考えや姿勢に触れる機会を持つことです。

ただ知識を得るだけなら、直接会わなくても、書籍やオンライン講座で学ぶことができます。

しかし、「私の場合はどうやったらいいんだろう？」「この方法や進め方で合っているのだろうか？」といった個別の問題解決に関しては、書籍やオンライン講座ではサポートしてもらえません。

そこで、セミナーなどに参加し、できればその人がリアルでやっている講座に参加するのがお勧めです。

また、**そこでの効果的な学び方とは、教えを実行しながら報告し、フィード**

バックをもらうことです。

私の場合も、学びを結果に変え、報告するのが恩返しだと思って、定期的に報告し、フィードバックをいただくようにしています。

成功した人の多くは、自身の知恵を分かち合いたいと思っています。

それがあなたの役に立つことをきっと喜びだと感じてくれるでしょう。

ただ、相手の頭を使う、というのを誤解して、一方的にもらおうとしてはいけません。

あくまでお借りしているのであって、それは返すことで完結します。

実践して報告すること、そのこと自体が恩返しなのです。

私は「絶対に結果を出して、喜んでもらうぞ」という腹を決めてから、お知恵を拝借しにいきます。

書籍を読む時は、「著者ならどうするだろう？」と考えながら読む

本人に直接会うことができればよいのですが、故人や外国人、あるいは相手

が遠距離に住んでいる場合はなかなか難しい。

その場合は、**何か問題にぶつかった時に、「この人ならどうするだろう？」と考えながら、書籍やオンライン講座に向き合うことです。**

書籍や映像は、その人が最も伝えたいことを、一つのテーマに沿って編んでいる素晴らしいコンテンツです。

いわばその人の、そのテーマに対するエッセンスがすべて凝縮されているものです。

例えば今、あなたが話し方に悩んでいるとしたらその著者に「話し方」がテーマになっている書籍や映像がないか探してみる。そして、「この著者ならどうするだろう？」という視点を持ちながら読んでみる。

それだけで、書籍による学びの質が飛躍的に向上します。

ライバルとは、敵視するのではなく仲良くなる

私は中学生からテニスを始め、大学4年生まで続けました。

大学入学当初までは本当に下手で、なんとか上達しようと隠れて素振りをしていました。それでもなかなか上達しませんでした。

ところが、大学2年生の時、いつも初戦や2回戦で敗退していた私がトーナメントを勝ち上がれるようになってきました。

なぜ、試合に勝つことができるようになったのか？

練習の仕方を変えたからです。ではどのように練習の仕方を変えたのか？

自分より上手な人に練習をお願いしたのです。当時、私は自分よりうまい人は、ライバルだと思って遠ざけていました。嫉妬心、競争心が邪魔して近づかなかったのです。しかし、ある時、自分より上手な先輩に、面倒なコート予約やボールの持ち運びを私が担当する代わりに練習試合をお願いできませんか？と頼んだのです。するとすんなりＯＫをいただくことができました。

それ以来、その先輩から勝ちパターンを学び、そのパターンを繰り返し練習することで以前の自分より強くなることができました。

これは、ビジネスの世界に入ってからも同じです。

同業他社をライバルだと思って遠ざけるのか、一緒に市場（顧客）に貢献するために切磋琢磨するのか……心の定め方、目線の高さで関わり方が全く変わってきます。そして、自分の野心のためではなく、それを超えた志を立てるから、他力が集まるのです。

もちろん、お互いに守秘義務はあります。

けれども、一緒にマーケティングや会計、組織づくりを学び合うライバルがいることで、お互いのビジネスを伸ばすことができます。

相手も人間です。幼い子供が、公園で遊びの中で初めて友達をつくるプロセスと何も変わらないのです。

まずは、ライバルと仲良くなる。

そして、相手が望んでいることを理解しようと努め、共感できるポイントを探ります。共通点を膨らませていくと、気づけば話が弾み、仲良くなったりします。特に、私のようにスモールビジネスをしている人は、市場が重なっていても共存できると考え、楽しくやることです。

私自身、主宰するビジネスコミュニティでは、同業他社も歓迎しており、数字も含めて自分の手の内、具体的な事例や戦略をシェアしています。

もちろん、自分のやっていることをすべて開示したら、相手が自分より成果を上げてお客を取られてしまうのではないか、という恐れがなかったわけではありません。けれども、昨日の自分を超え続けていけば大丈夫だと思い直し、すべてをシェアしたところ、自分も周りも一層結果を出せるようになったのです。相手の頭を使いたいなら、まずは自分の頭を使ってもらいましょう。

人の頭を使う、というテーマで考えてきましたが、ここまでお読みいただいた方なら、人生の大切な分野において専門家やメンターを持たないことがいかに勿体ないか、に気づかれるはずです。

私自身、ビジネス、資産形成、健康、人間関係において、それぞれ自分よりも高いレベルの方の頭脳をお借りすることを意識しています。人生で大切な分野においてメンター、ロールモデルを持つことをお勧めします。

人の頭を使う　まとめ

・「検索力」「質問力」を磨く
・「話し方」より「質問力」
・究極の質問「ゼロから最速で結果を出すとしたら、何を、どの順番でやりますか？」
・何かを教わりたい時は、まず相手が欲しいものを提供せよ
・何もない人は、「パーソナルメディア」から始める
・専門性がない時は、相手の専門性をブログに書け
・教えを実行しながら報告し、フィードバックをもらう
・本を読む時は、「著者ならどうするだろう？」を考えながら読む
・ライバルとは、敵視するのではなく仲良くなる

他力思考7つの技法 その2

人の時間を使う

どんなに頑張っても、1日24時間のままでは大きな成果は得られない

誰にとっても1日は24時間。

時間には限りがあります。有限である以上、あなたがどんなに頑張っても、時間が増えることはありません。

ここで大事なのは、

自分の1日24時間を頑張るだけでは、決して大きな成果を得ることはできない

という事実を受け入れることです。

どんなに睡眠時間を削っても、どんなに手帳で時間を管理しても、1馬力には限界があります。

しかし、人の時間を使うことができれば、1日を240時間、2400時

間、つまり時間を10倍、100倍へと増やすことができるのです。

私が出版やYouTubeを積極的に始めた理由はまさにここにあります。

起業したばかりの頃は、1日24時間の中で、一人ひとりに同じことを説明していました。当時、私の専門は中小企業向けのマーケティングでしたが、クライアント各社に広告のつくり方を解説していました。

しかし、説明に1社3時間かかるとすると、どんなに頑張ったとしても1日3社が限界です。仮に月間20日働いたとして、サポートできる企業数は60社がMAXです。

しかし、**YouTubeやブログを使ったり、本を出版したりすると、時間に制約はありません。1万人でも、10万人でも自分の伝えたいことを伝えることができるのです。**

また、時差も国境も関係ないので、世界中の人に読者や視聴者の時間を使って、私の知識をシェアできるのです。現在は、私が直接指導するクライアント数も200社を超えています。

従来の時間管理術はもう古い。予定ゼロ、手帳は空白を目指せ

従来の目標達成法は、「自力思考」がベースになっています。

つまり、目標を手帳や紙に書き、1日24時間の中でできるだけ予定を詰め込んで、一つずつタスクを完了させていくやり方です。

これが目標達成の基本です。

基本ですから大切です。大切なのですが、「自力思考」だけだと自分時間を超えられません。

「他力思考」では、自分の予定を詰め込んで隙間なく動くのではなく、**自分の代わりに動いてくれる人にお願いし、「他人時間」を活用することで、極力予定ゼロ、手帳を白紙にすることを目指します。**

私は「他力思考」がベースなので、ほとんどスケジュールは空いています。その空いている時間を使って、いつ訪れるかわからないチャンスに備えているのです。

苦手なことは、なぜやればやるほどコストが増大するのか？

日本の学校の教育は、長所を伸ばすよりも短所を克服することに主眼があるように見受けられます。

私が中学生の時の成績表は、各科目5段階評価でした。当時の私は、算数は5だけれども音楽は4。担任の先生からは「苦手な音楽を頑張ってね」と言われました。けれども、そもそも歌が下手な私にとって、音楽を頑張ったところで上達度合いはしれています。

むしろ**苦手なことをやることで、時間、エネルギー、いろいろなコストが増大し、得意だった算数まで弱ってしまう。このようなことも起こりうるのです。**大人になっていいこと、それは自分が苦手なことは得意な人に任せることで、苦手な分野に対処できることです。

そして、自分の市場価値が高まれば高まるほど、価値の交換がしやすくなり、自分の得意なことに集中しやすくなります。

また、自分の市場価値が高まれば報酬も増えるので、増えたお金で苦手な仕事を依頼することもできます。

予定をゼロにしたから、世界一周しながら1億円プレイヤーになれた

私はお金のためには1ミリだって働きたくない、そう思っています。

お金は目的ではなく、素晴らしい人生を実現するための道具です。

ここで、ベストセラー作家で教育事業を複数経営されている三宅裕之さんに教わった「家族ノート」を紹介します。

これは、すべての家庭にお薦めしたい素晴らしいアイデアです。三宅さんから、シンガポールでランチをご一緒した時に、「会社に事業計画書があるように、家庭にも、家族の計画書があるといいですよ」と教わりました。

家族ノートに書くことはシンプルです。家族のやりたいことを書き出したあと、資金計画、スケジュールを書くだけ。

【夢が実現する家族ノート】（記入例）

＜基本ルール＞
・１年単位で書く
・１～２週間ごと、午前中に素敵なカフェで家族ノートをつける
・文句が言いたくなっても家族会議まで待ち、朝の気分のよいときに建設的に話す（お酒に酔った夜の話し合いは最悪!!）
・定期的な家族会議では、good（いいこと）& new（新しい）から話し始める
・型にはまらず、自由に、楽しく、自分たちのペースで！

●家族の夢・やりたいことは？

新婚旅行として世界一周したい！
海外：アジア・ハワイ・南米・ヨーロッパ・北欧・オーストラリア・etc
国内：北海道・青森・京都・沖縄・etc
世界一周のゴールとして結婚式！
世界中に家族ぐるみで付き合える友人を持つ

●やりたくないこと、やめたいこと

海外にいながらできない仕事
ギスギスした人間関係、攻撃的な言葉遣い
お金の不安
太っていること、肌荒れ

●家族で大切にしたい価値観は？

挑戦（毎年新しいこと１つ以上）
全力で楽しむ！
健康第一
お互いを思いやる、尊重する
損得で考えない。「好きか、やりたいか」で判断

●必要な資金

世界一周旅行　1500万
結婚式　500万
海外移住の資金　初期費用1500万、年間3000万×22年間（子育てが終わるまで）

●必要な時間

毎月半分は海外にいる（場所を選ばない働き方）
仕事は１日３時間まで

私は2018年の年初に、「2019年は、毎月半分は海外に行き、世界一周する」という目標を妻と一緒に、「家族ノート」に書きました。

1月は東南アジア、2月はハワイ、3月は南米、4月はヨーロッパ……とスケジュールを確保していきました。

そして、必要な資金を調べるために、旅行代理店に行き、確認しました。ここまで落とし込むことで、必要な資金と時間がわかります。見積りをもらうまでは無料ですから、誰でもできます。

そこから、どのように資金と時間をつくるかを考えるのです。

といっても自分で考えるのではなく、すでに世界一周した友人、海外に住みながらビジネスを回している起業家、こういった人たちに知恵を借りました。

その結果、具体的な達成計画が完成し、一つずつ行動していくことで、予定通り、2019年に世界を回ることができたのです。

その間、自分が日本にいなくてもビジネスが回るようにチームを組み、遠隔で経営してきました。

「人の時間を使う」を身につけるための具体的方法

手帳ではなく、グループチャット、タスク管理チャットを活用する

手帳や自分自身のスケジュールは、基本的に人には見せない。自分がどこで何をしているかは人に知られたくない。そう考えている人は多いと思います。

しかし、私はそのような「常識」こそが「自力思考」だと考えています。

私は10年以上、手帳は使っていません。「不便」だと実感しているからです。手帳は、ひとりのスケジュールを管理するにはよいですが、チームで目標達成する場合には不向きです。**チームで仕事をするには断然、グループチャットやタスク管理ツールが向いています。**

なぜなら、ひとりしか確認できない紙の手帳より、全員のスケジュールが一覧できるgoogle カレンダーのほうが断然便利だからです。

手帳を否定しているわけではありません。自分だけの時間管理でいいなら手帳がいいでしょう。

しかし、人の時間も使って1日240時間にしたいなら、オンラインで共有できるカレンダーやチャットツールがお勧めです。

現在時間をお金に変えず、他人時間、過去時間を使う

1日の時間を10倍、100倍にするには、自分の現在時間だけをお金に変える働き方をしていては達成できません。

つまり、時給・月給で働くだけでは時間は増えないのです。

そうではなく、**一度やったことが、あなたの時間と関係なく価値を生むものをつくるのです。**

YouTubeやブログ、書籍の出版がまさにそれです。

一度書いた記事や本、一度撮影したYouTube動画は、あなたの過去時間、疲れや老いと全く関係ありません。

収録当時のまま、半永久的に残り続けます。

しかも、**読む時間、視聴する時間に使うのは、あなたの時間ではなく、相手**

の時間、つまり他人時間です。

余談ですが、私は選挙で街頭演説をする候補者を見るたびに、「YouTubeやブログなど、自分の分身となる演説部隊をつくればいいのに」と思います。

ちょっと想像してみてください。

これから先、あなたに何年の人生があるのかわかりませんが、一度やったことが一回きりで終わっていく働き方と、一度やったことがずっと残り、積み上がっていく働き方のどちらを選びますか？

1日24時間を繰り返す、時間使い捨ての働き方と、1日が240時間、2400時間、と無限に増えていく時間積立型の働き方。

このカラクリに気づいたら、時間使い捨て型の働き方をやめ、時間積立型に切り替える踏ん切りがつくはずです。

1日2400時間使える凡人は、1日24時間しか使えない天才に勝る。私はそう考えています。

「人の時間を使う」まとめ

◎1日24時間を頑張るだけでは、大きな成果を得ることはできない
◎YouTubeやブログを活用。時間の制約なく働いてくれるメディアをつくる
◎従来の時間管理術はもう古い。予定ゼロ、手帳は空白を目指す
◎苦手なことは、時間、エネルギーなど、いろいろなコストが増大することを自覚する
◎やりたいことを書き出し、スケジュールを立ててしまう。手段はその後で考える
◎手帳ではなく、グループチャット、タスク管理チャットを利用する
◎時間使い捨て型の働き方をやめ、時間積立型の働き方に切り替える

他力思考7つの技法　その3

人のお金を使う

お金があるから夢がかなうのではない。夢がお金を引き寄せるのだ

「お金がないから起業できません」

「お金がないから留学できません」

という話をよく聞きます。

本当にそうでしょうか？　実は違います。手持ちのお金があるから、**夢や目標が叶うわけではないのです。**むしろその逆です。**素晴らしい夢や目標に、お金が集まってくるのです。**

今から「人のお金を使う」というテーマで考えていきますが、稼ぐ力も、夢が原動力になっています。

ちなみに私は、お金のために頑張れないタイプです。

かつて「目指せ！　年収1億円」と紙に貼ったことがありますが（笑）、全く感情は動きませんでした。

けれども、お金が必要な夢、例えば世界一周旅行に行くと決めて、そのためだったらお金を稼ぐことはできます。

実際、世界一周に行くと決めた途端、毎月200万〜300万円だった売り上げが、月1500万〜2000万円まで伸びたのです。しかも働く時間は半減。旅行にいくための資金と時間を生み出せました。

私は断言できます。

お金ができたらやりたいことをやろうでは、一生やりたいことはできません。それはやる気の問題ではなく、お金が夢を手繰り寄せてはくれないからです。その逆で、夢が必要なお金を集めてくれるのです。

仮に今お金がなくても、クラウドファンディング、出資、融資、贈与、さまざまな手段でお金を集めることはできます。

お金を使う時も受け取る時も「ありがとう」と伝える

お金との新しい関わり方を提案されているベストセラー作家、本田健さんは、「Happy Money」という考え方を教えてくれました。

お金を使う時に「ありがとう」。お金を受け取る時に「ありがとう」。

これで、世界はもっと幸せに、平和になる、というものです。

シンプルですが、とってもパワフルな考え方だと思います。

世の中には、海水のごとくたくさんのお金が流れています。にもかかわらず、お金そのものを目的化し、入出金に一喜一憂しては、道具に振り回されているも同然です。

と言いながら、私自身がそうだったのですが。少ないお金にしがみつき、できるだけお金の話はせず、人と関わらなかった時ほど貧乏でした。

一方で、お金は世界中を流れる川のようだと思えた時から、相手のお金が自分のお金のように感じられました。

ここだけ読むと普通の感覚からややかけ離れているように思われるかもしれませんが、実際、必要なお金が必要なタイミングで集まってくるようになったのです。

お金は、私利私欲を超えた志に集まります。

クラウドファウンディングが、まさにそうです。

例えば私の友人は、海外の有名スピーカーを日本に招致するために、クラウドファウンディングでお金を集めました。

そのスピーカーから学びたい人たちを代表して、彼女が志を立てたのです。その志に賛同した人が実にたくさんいて、彼女は、数週間で目標金額を達成しました。

私自身、自分のお金のことだけを考えている時は、稼げませんでした。けれども、**関係者、顧客の幸せや成功を掲げてから、お金がワッと集まってくるようになったのです。**そして、人のためにお金を気持ちよく使えるようになりました。何より、お金に対するストレスが劇的に減りました。

お金は人を幸せにする道具であり、そこら中に流れていることに深く気づいたからです。お金は「ありがとう」をつなぐ道具なのです。では、今から、どのようにして人のお金を使うのか？　一緒に考えていきましょう。

「人のお金を使う」を身につけるための具体的方法

「相互メンター制度」を使えば、お金を支払わずにすごいノウハウが手に入る

「人のお金を使う」と言っておきながら、お金をやりとりしない方法もあるという話から始めます。

お金のやりとりをしない方法とは、あなたが持っているスキルや知恵と、相手が持っているスキルや知恵を等価交換することで、そこにお金が発生しない仕組みのことです。

私が思うに、信頼関係がない者同士がやりとりする時ほど、お金のやりとりも発生します。互いに「この人、きちんと返してくれるのか？」という不安があるからです。ところが、できるだけお金をやりとりしないほうが、自由に与えて、自由に受け取る、ということができるので互いに価値の高いものを提供しやすいのです。

私は、それを「相互メンター制度」と呼んでいます。

「相互メンター制度」とは、知恵を持つもの同士が、定期的にお互いの知恵を出し合うミーティングを、複数の人と行うことです。

その時、お金のやりとりは、一切ありません。

そのほうが、知恵を共有するスピードが速く、手間がかからないからです。

もちろん、「ノウハウ」という原価がないものだからやりやすい点はあります。けれども、お金をやりとりすると、お互いの価値はいくらなのか？　契約書はどのような内容にするのか？　こういったことに時間がかかってしまいます。

しかし、互いに信頼関係があると、相手を信頼して全力で与え、受け取ることができるのでお金をいくらにするのか、契約書の内容はどうするのか？　といった余計なところに時間を使う必要がなくなります。

「信頼」こそが、あなたにお金と人をもたらしてくれる

もし、「1週間、お金を使わずに生活してください」と言われたら、あなた

はどのように過ごしますか？

ほとんどの人が家族や友人を頼るのではないでしょうか。部屋、食事、服、携帯電話、インターネット、パソコンやタブレットなどを貸してもらえれば、1週間お金を使わずに生活できることでしょう。

こうして考えてみると、相手のお金を使う時に大切なのは、**「信頼残高」なのだと気づきます。**

「信頼に人もお金も集まる」

ということであり、ここで一つの結論が見えてきます。

あなたがいかに相手を信頼し、与えられるか、ということです。

結局、人と世界を信頼し、たくさん与えた人に信頼残高が貯まります。

その信頼残高を換金する手段として、クラウドファンディングなどがあります。先に、私の友人がクラウドファンディングで、海外の教育者の講演会の費用を集めた話をしました。

お金は数週間で集まりましたが、それまで彼女は何年にもわたって信頼残高を積み上げてきました。

応援した人たちは企画内容もさることながら、企画者である彼女の信頼にお金を支払ったのです。

ところで、お金で「信頼」は買えるのでしょうか？

私はどんどん難しくなっていると感じます。

インターネットやSNSの普及で情報の非対称性がなくなり、企業が広告だけで消費者をコントロールできる時代ではなくなってきたからです。

私自身、広告は一つのきっかけにすぎず、インターネットや知人の評判を重視しています。

では、どのようにして信頼残高を貯めていけばよいのでしょうか？

「信頼」とは、「信じて、頼る」と書きます。

つまり、相手から、**「信じて、頼られる存在になる」ことが重要なのです。**

では、どのようにすれば、「信じて、頼られる存在になる」のか？

それは、**「有言実行」することです。**

言ったことをきちんとやる。約束を守る。

小さな約束で構いません。

「言ったことを守る」を繰り返すことで、信頼が貯まっていきます。

しかし、言ったことを守らなかったらどうなるのか？

当然、信頼残高はゼロ、もしくはマイナスになってしまいます。

私自身、教育スクール事業を経営していますが、「契約はスタート、約束した結果が出るのがゴール」と捉えてお客様と関わっています。

結局のところ、人と人との信頼関係を築いている人に、人もお金も集まるのです。

「人のお金を使う」まとめ

◎お金があるから夢が叶うのではない。夢があるから必要なお金が集まる
◎「相互メンター制度」を使えば、お金を支払わずにすごいノウハウが手に入る
◎「信頼に人もお金も集まる」

他力思考7つの技法 その4

人の手足を使う

大きな目標を達成したいのなら、AIに取って代わられる仕事はしない

今後は間違いなく、自分自身の手足（体）を使ってやる「事務作業」「労働」系の仕事はどんどんなくなっています。

例えば出版業界には、少し前まで取材の際に録音した内容を文字に起こす「テープ起こし」という仕事がありました。しかし、それらは今すべてアプリが自動でやってくれます。

そのほか、手足を持つロボット、クラウド会計のＡＩ、運転手のいない自動運転の車やバス、電車、自動翻訳機などの登場により、どんどん人の仕事がＡＩに取って代わられていきます。

本書のテーマは、働き方の未来ではなく目標達成ですが、あなたが大きな目標を達成したいなら、これまでお伝えしてきた通り、市場価値の高い人間になる必要があります。

あなたの市場価値が高ければ、相手に多くの価値を与えられるので、人・モノ・カネ・情報を集めやすくなります。

一方で、将来ＡＩに取って代わられるリスクのある仕事を続けていたら、市場価値は下がり、気がつけば仕事はなくなってしまうことでしょう。

自分の手足を使うのではなく、**AI・ロボットを含めた「自分以外の手足をどう使うのか？」**という視点が必要です。

自分の手足を使うと「移動の自由がない」「チャンスを掴めない」

ある資産家に言われた言葉を、今でも時々、思い出します。

「金持ちは仕組みをつくり、貧乏人は仕組みの中で働く」

あなたは仕組みをつくっている側でしょうか？　仕組みの中で働いている側でしょうか？

自分自身の手足（体）を使って作業をし、その対価として給料をもらっていると、いつまでたっても移動の自由が手に入りません。

移動の自由がないと、チャンスを掴むためのフットワークが鈍ります。

確かにインターネットのおかげで、誰もが情報にアクセスできるようになりました。けれども、インターネットに掲載されている情報は、基本的に「二次情報」です。

一次情報を掴んだ人には負けてしまいます。

私が、住居の引越を検討していた時のことです。

暇を見つけてはインターネットで、物件を探していました。が、なかなか良い物件が見つかりません。

ある時、友人が「いい物件は、インターネットに載る前に誰かが注文しているよ」と言ってくれました。

慌てて不動産業者に駆け込み、希望を伝えたところ、すぐに希望の物件に出合うことができました。

チャンスは自ら取りに行く人のものです。

地球の裏側にビッグチャンスがあったら、あなたは明日、飛行機で飛んでいく自由はありますか？

「人の手足を使う」を身につけるための具体的方法

「やりたいこと×得意なこと」に集中し、一点突破する

ここで、あなたの活動を次の表に当てはめて、4つのいずれかに分類してみてください。

やりたくないこと 得意なこと △	やりたいこと 得意なこと ◎
やりたくないこと 苦手なこと ×	やりたいこと 苦手なこと △

重要なことは、可能な限り**「やりたいこと×得意なこと」だけやるようにするのです。**

最初は難しくても、**他の3つの枠の中に書かれたことは、「やりたいこと×得意なこと」の人にお任せすればいいのです。**

例えば私はYouTube配信において、コンテンツを考えて話すことは、「やりたいこと×得意なこと」です。

しかし、機械音痴なので動画編集は苦手です。

だからチームを組んで、自分の「やりたいこと×得意なこと」以外のことは人にお任せして（人の手足を使って）います。

自分の「やりたいこと×得意なこと」に特化すれば、努力不要、モチベーション不要で、上達も早い。

そこに絞ったほうがあなたの市場価値は高まり、チームも組みやすくなります。人の手足を使わせてもらう基本は、まず自分の「やりたいこと×得意なこと」を見極め、それ以外をお任せすることです。

やりたくないことを人にお願いするには、あなたの経済価値を磨くことが一番の近道です。

つまり、**自分の時間単価を上げること。**

やりたくないこと、苦手なことをやっていても、パフォーマンスは上がらないので時間単価は上がりません。時間単価が上がらないと、お金を払って人の協力を得ることができません。

あなたのやりたいこと×得意なことに集中し、それ以外のことはすべて捨てて一点突破するのです。

支払う額を少し多めにする

人の手足を使うポイントは、**自分の時間当たりの給料を計算し、それ以下の金額であればお願いできることは、どんどんお願いすることです。お金の稼ぎ方も大切ですが、お金の使い方はもっと重要なのです。**

人にお願いした時間を使って「やりたいこと×得意なこと」に専念し市場価値を伸ばしていくのです。

仕事をお願いした相手と良好な関係を築くには、コツがあります。それは、**自分が思っている金額よりちょっと多めに支払うことです。**

相手も、仕事相手を自由に選ぶ権利があります。

相手が常に「相場より多くもらっている」と感じられるだけの報酬を提供することで、お互い気持ちよく働くことができます。

お支払いと書きましたが、お支払いするものはお金だけに限定しなくてもかまいません。

やりがい、成長、人脈、など相手が望むものを、それ以上に与えることです。

相手に良い仕事をしてもらうことで、あなたの売り上げも安定し、受け取る報酬が伸びていきます。

人に任せるのが苦手な人は、定期的に仕事から離れる環境をつくる

人の手足を使う（お願いする、任せる）ことに抵抗のある方は、定期的に仕事から離れる環境をつくるといいでしょう。

ずっと現場で仕事をしていると、どうしても自分でやらなくてもいいことに自分の手足を使ってしまいます。

しかし、**強制的に仕事から離れることで、自分の手足を使わずに、チームや仕組みで結果を出すためにはどうしたらいいかを考えるようになります。**

私も、毎月2週間海外に行くことで、チームと仕組みが強化され、自分の「やりたいこと×得意なこと」により専念できるようになりました。

仕組みをつくって、仕組みから出るのです。

オーナーマインドの人は、仕組みをつくって、自分がいなくてもお金を得る方法を考えます。

自分の時間を切り売りしてお金を得る労働者マインドの人は、いつまでたっ

ても、自分の時間を使っての対価としてお金を得るという発想から抜け出せません。

大きな目標を達成する時に、あなたが目標達成に必要なすべてをやる必要はないのです。

目標達成の仕組みをつくり、仕組みから出れば、もっと大きなチャレンジができるのです。

ちなみに、私の２０１９年は、毎月半分は海外に行き、20カ国以上、回りましたが、過去最高益を達成できています。

人を動かすポイントは、相手の「好き×メリット」を見極める

人の手足を使う、といっても、人はなかなか自分の思い通りに動いてくれない、と悩む方も多いと思います。人には意思があり、誰かに動かされるのではなく、自分の意思で動きたいと考えています。

そこで、人を動かすには、人間心理を理解する必要があります。

私もまだまだ修行中の身ですが、人間心理を理解するには、自分の心と向き合うこと、相手の心と向き合うこと、の両方が大切だと考えています。

自分の心の動きがわからないのに、他者の心はわからないからです。

また、基本的に人間は自己中心的な生き物ですから、意識的にベクトルを他者に向けないと、自分のことばかり考えてしまいます。

私は人を動かすためのポイントとして、**「好き×メリット」**が大切と考えています。

人は、自分の好きなことでメリットを感じることなら、自ら動くからです。

特に、副業解禁で、企業は個人の働き方を制限できなくなってきました。

例えば動画編集の仕事なら、動画撮影や編集が大好きで、動画を極めたいと思っている人にお願いする。

そうすることで、相手はイキイキとあなたの期待を超える働きをしてくれるようになります。

「人の手足を使う」まとめ

◎「金持ちは仕組みをつくり、貧乏人は仕組みの中で働く」
◎「やりたいこと×得意なこと」に集中し、それ以外のことは人の任せる
◎人にお願いすることに抵抗のある場合は、定期的に仕事から離れる環境をつくる
◎人を動かすためのポイントは、相手の「好き×メリット」を見極める

他力思考7つの技法 その5

人のエネルギーを使う

目標達成率は、エネルギーの総量に比例する

あなたの目標達成率は、「達成を信じる人の数」と「想いの強さ」のかけ算によって生み出されるエネルギーの総量に比例します。

アポロ計画を成功させたアメリカの大統領、ジョン・F・ケネディは、人類を月に送る、という前人未到の目標を成し遂げました。

なぜアポロ計画は成功したのか？

ケネディ大統領は、まず、大きなビジョンを掲げました。

そして、そのビジョンを信じる人を集め、信じ続けてもらったからこそ、アポロ計画を成功させることができたのです。

つまり、「人のエネルギーを使う」ことが、他力思考による目標達成には必須なのです。

成功者の自信を借りる

私が28歳の頃、ビジネスパーソンとしての自信は打ち砕かれ、粉々になっていました。業務委託の仕事がなくなり、日銭を稼ぐためにアルバイトをしていたからです。このようなどうしようもない時に、月100万円稼ぐ、と決めたわけですが、正直、自信はまったくありませんでした。

自信はないものの、とにかくやるしかない。

そこで考えたのが、**「稼いでいる成功者の自信を借りる」というもの。**

具体的には、ロールモデルとなる方の映像を見て、表情、声、話し方、ジェスチャー、メモの取り方、文字の書き方、あらゆることを、相手が乗り移ったように真似したのです。さらに、成功者と約束し、彼らから応援のエネルギーをいただきました。

学ぶは〝真似ぶ〟。

商品パッケージをつくった後、見込み客に提案に行ったのですが、まるで成功者が乗り移ったように堂々とプレゼンすることに努めました。

言い換えれば、成功者のエネルギー、自信を借りたと言えます。

第2章にも書きましたが、プレゼンしている時は、脇から出る汗が止まらず、夏でもないのにワイシャツがびしょびしょになっていました。

はじめての提案が終わり、「契約でお願いします」と言われ、お客様が部屋から出て行った瞬間、椅子から立ち上がれないほど脱力してしまいました。

このようなことを繰り返し、実力が伴ってからは、自分のエネルギーで穏やかに提案ができるようになってきました。とはいえ、今でも新しいチャレンジの時には、過去の自分と決別し、より高い目標を達成している方のエネルギーを体に入れるようにイメージしています。

「人のエネルギーを使う」を身につけるための具体的方法

「コミットメント」して、やらざるをえない環境に身を置く

人のエネルギーを使う一番の方法は、「約束すること」です。

強い言葉で言えば、「コミットメント」です。

私が本を書く時、編集者、プロデューサー、そして将来の読者……こういった方々と見えざる約束をしています。自分を信じてくれた人との約束は破れない、その気持ちは、相手からいただくエネルギーだと考えています。

人のエネルギーを使おうと思うなら、強烈な「コミットメント」をする。これに尽きます。私が本を書く時は、必ず出版関係者の方とスケジュールを確認し、自ら期日を宣言します。そして関係者の顔（出版関係者、将来の読者）を思い浮かべながら、パソコンに向かいます。

将来の読者については、身近な友人・知人で本を読んでくれそうな人を思い浮かべます。そうすることで、みんなからエネルギーをもらうのです。

私自身も仕事で新しいチャレンジが必要な時は、腰が引けてしまうことがあります。そのような時も、まず「〇〇〇〇をやります」と宣言し、日頃からお客様の顔を思い浮かべながらチャレンジするようにしています。

人は、自分のためだけにそれほどは頑張ることができません。でも誰かのためなら、自分を超えたエネルギーが湧いてきます。

そのエネルギーは、自分自身で創りだしているというより、あなたが思い浮かべた「誰か」から頂いている、と考えることでうまくいきます。

自分の能力を、はるかに超えた夢や目標を掲げる

人の頭を使うには、「質問力」が大切です、とお伝えました。

一方、人のエネルギーを使うには、「話し方」が大切です。

ジョン・F・ケネディ大統領のアポロ計画、マーチン・ルーサー・キング牧師の公民権運動、アップルの創業者、スティーブ・ジョブズの新商品プレゼン、これらがどれだけ多くの人を熱狂させ、エネルギーを集めたのか、計り知

れません。スピーチの技法は専門書に譲るとして、私が大切だと思う本質をお伝えします。

それは、**自分の能力をはるかに超えた夢やゴールを掲げること。**

ジョン・F・ケネディ大統領なら人類を月に送ること、マーチン・ルーサーキング牧師なら黒人と白人が手を取り合う社会、スティーブ・ジョブズなら、iPhone一つですべてがつながる世界、を語りました。

偉人の後の話で恐縮ですが、私の夢の1つは「知識メタボ撲滅」です。

「知っているけれど、行動できない。結果が出ない」

こうした教育の課題を解決するために、私は結果の出る教育スクール事業をスタートさせ、多くの人の協力を得ることができています。

自分が儲けたいという考えだけでは、きっとここまでの協力は得られなかったことでしょう。

自分の能力を超えた夢やゴールに他力は、集まります。

自分ひとりでできること、私利私欲の範疇であれば、他力は発動しないのです。

未来の自分と約束をして、未来の自分のエネルギーを使う

私にとって、出版と目標達成はつながっています。

未来の年表に、出版の目標を設定しているのです。

例えば、自分を最高値で売り年収1000万円を達成できたから、一冊目の著書『自分を最高値で売る方法』を出版しました。

学びを稼ぎに変え、1億円プレイヤーになったから、二冊目の著書『億を稼ぐ勉強法』を出版できました。

そして、自力だけでなく、他力を使って目標達成できたから、本書『他力思考』が生まれています。

正確には、自分が達成し、周りに教えて一定の結果が出せた内容を出版する、という流れを守っています。

私は一度きりの人生で、100冊の本を出すことを未来の年表にプロットしています。

具体的には、年間2冊、50年計画で、私が85歳の時に達成します。

現在、私は２００名が集うビジネスコミュニティを主宰していますが、その中で、自分とコミュニティメンバーが実践できたテーマを半年ペースで刊行していく計画です。

本書も、「他力思考的な目標達成」が十分にできたと判断し、そのノウハウとエピソードを本にまとめました。

本を未来の年表にプロットすることで、半年単位で自己成長、他者成長への貢献をしていくのです。

この目標を自分が生きているうちに達成できるか正直わかりませんが、私にとって目標達成は生き方なのです。

どこまででも成長していきたい、という想いがあるから必ず達成できると信じて、取り組んでいます。

一度きりの人生、どこまで昨日の自分を超えられるのか？　進化し続ける自分がどれだけ人の役に立てるのか？

そのために１００冊の本を出すことを自分に約束したのです。

同時に、未来の読者とも勝手に約束をしています。

勝手ではありますが、未来の読者との約束なので、締め切りを破るわけにはいかないのです。適当な本を書くわけもいきません。

私自身もまだまだ達成できていないこと、至らないことだらけです。すぐにイライラしてしまうし、苦手な人もいます。

このような私でも、いつか「コミュニケーション」をテーマに本を出せる日が来たらと思うとワクワクします。

そして、コミュニケーションが熟達した未来の自分と約束し、実践していきます。このように、未来の自分と約束することで、未来の自分のエネルギーを使うことができるのです。

運のいい人と付き合う

エネルギーと運気は、つながっています。

ですから、素晴らしい未来を確信している人は、素晴らしい未来からエネルギーを受け取り、結果として運のいいことを手繰り寄せるのでしょう。

それなら、運のいい人と付き合ったほうが、自分のエネルギーもあがるし、いいことばかり起こるから絶対得だと思います。

ところで、私の主宰するビジネスコミュニティは、コミュニティの人数が増えるほど、一人一人の目標達成率が上がっていきます。

なぜか？


コミュニティ内が、いいエネルギーに満ちあふれているからです。


当コミュニティは、本気で目標達成にコミットしている人ばかりがいる、とても運気のいい集団だと思います。

ビジネスは課題解決の連続ですから、「あの人も頑張っているから、私ももう一踏ん張りしよう！」とお互いに思える環境づくりを意図しています。

私自身、日々の実践報告を、日報や週報、月次のミーティングでコミュニティ全体に共有しています。

「正弥さんもあそこまでやっているから、自分も頑張ろう」と思っていただくために、全公開に踏み切りました。

結果的に、私のほうがエネルギーをいただいていると感じるほど、自分自身の目標達成も加速しています。

エネルギーは良くも悪くも伝播するので、自ら運気を手繰り寄せるポジティブなエネルギーの人と関わることをお勧めします。

同じ周波数同士が引き合う、悪いエネルギーは出さない

では、どのようにすれば、いい運気の人と付き合えるのか？

人は面白いもので、同じ周波数同士の人が引き合います。

いわゆる「類は友を呼ぶ」法則です。この法則に従って良いエネルギーを浴びるためには、**まずあなたが良いエネルギーを出し、悪いエネルギーは死んでも出さない、と決めることです。**

遊園地を見ればわかるように、人は楽しいところに集まるもの。

であれば、まずあなた自身が一緒にいて楽しい人になることで、あなたの周りに良いエネルギーを持った人が集まるようになります。

とはいえ、いつも明るく、前向きに、なんて難しいですよね。

人間ですから、疲れた時、自信がない時だってあります。

このような時は、**誰かに良いところを褒めてもらうのが効果的です。**

家族やチーム内で、互いに良いところを褒め合う、これを定期的にやるだけで、萎えていた心が回復していきます。

私も、仕事がうまくいかなかったり、自著の批判的なレビューを読んだりした時に、心が疲れてしまうことがあります。

このような時は、妻に「無条件に褒めて！」とお願いしたりします。

「予祝」をして、ワクワクエネルギーを体に入れる

「予祝」という言葉を聞いたことあるでしょうか？

未来のよいことを先取りして祝う、というもので、エネルギーの集合体としてよく知られている「お祭り」もまさに予祝です。

お祭りも、豊作や商売繁盛を前もって祝っているから、予祝なのです。

私が経営する会社では、毎月チームの食事会、そして4カ月に一度のペースで旅行を兼ねた経営合宿をしています。

そこでは、メンバー同士、お互いの労をねぎらいつつ、翌月、四半期の目標を発表し、その後はあたかもそれぞれが目標達成したかのように「おめでとう!!」と声高らかに、乾杯するのです。

予祝とは、スポーツでいうなら、スタートする前に、全員でゴールに飛んで優勝のお祝いをするようなものです。

予祝の場で、「もう一度、ここで会おう！」と約束し、それぞれの持ち場に戻っていきます。

私のチームも最初は4名でしたが、ワクワクのエネルギーが伝播したのか、半年後には10名以上のメンバーが関わってくれるようになりました。

今ではコミュニティのメンバーも含めると、200名以上になっています。

みんなで一度ゴールに飛び、達成を喜ぶとともに、再会を約束する。

この1年間、コアメンバーは誰一人欠けることがありませんでした。これが私の予祝のイメージなのです。

「人のエネルギーを使う」まとめ

◎目標達成率は、エネルギーの総量に比例する
◎成功者の自信を借りる
◎ロールモデルとなる人の映像を見て、すべてを真似する
◎自分の能力をはるかに超えた夢や目標を掲げる
◎未来の自分と約束をして、未来の自分のエネルギーを使う
◎運のいい人と付き合う
◎良いエネルギーを出し、悪いエネルギーは死んでも出さない、と決める
◎落ち込んだ時は周りの人に良いところを褒めてもらう
◎「予祝」をして、ワクワクエネルギーを体に入れる

他力思考7つの技法 その6

人の人脈を使う

「友達の友達は、友達」が、「人の人脈を使う」の基本

「佐藤君の友達なんだ！　それなら、いい奴だね！」

学生時代に友人から言われた言葉ですが、この考え方は私の心にとても印象深く残っています。

「友達の友達は、友達」

つまり、「信頼できる知人からの紹介ならば間違いがない」という考え方こそが人の人脈を使う、の基本なのです。

例えば裏口入学は良くないことですが、仕事をしたいと考えている企業への何らかのツテを通じた入社はアリだと思っています。

なぜなら、ビジネスの世界は「信頼」で成り立っているからです。つまり、**「信頼できる人から紹介してもらえるか」がとても大切なことなのです。**

「人の人脈を使う」を身につけるための具体的方法

「誰から紹介されるか？」であなたの印象は決まる

私は、人に会う時は基本的に、「紹介」で会っていただくようにしています。
自分が会いたい場合も、相手から頼まれる場合も「紹介」を通じてお目にかかります。

なぜなら、「紹介者の信頼」を担保に相手に会えるからです。

新規顧客開拓でも、ビジネスパートナー探しでも、認知拡大、信頼構築に一番コストがかかります。

そのために、企業は莫大なコストをかけてテレビCM、新聞広告を出しています。しかし、紹介なら認知と信頼構築に必要なコスト（お金・時間）が圧縮できます。

私自身、人の紹介で契約したチームメンバーとは長いお付き合いができています。

また、お客様からの紹介でお会いする場合、私たちの商品サービスをほぼ100％契約していただいています。

さらに、私の経営する会社のマーケティング活動の中心は、「お客様の声」です。ウェブサイトでも、メールマガジンでも、お客様の声によって弊社を信頼にたる会社だと思っていただけるよう発信しています。つまり、**目の前のお客様の満足度を追求し、その喜びの声で、次のお客様につながっていく。**このような循環をつくっているのです。

また、現実的には、誰に紹介されるかで、印象はガラリと変わります。

紹介者の信頼レベルで、信頼度が決まるからです。

もし、過去に不義理をした人から紹介されれば、紹介された人もいい加減な人物だと思われるリスクがあります。

一方で、目上の確かな人から紹介されれば、実力以上のポテンシャルで相手に信頼してもらえることになります。もちろん、「紹介者の信頼」を借りている状態なので、しっかりとお返しする必要はあります。しっかりと返すことができれば、関係者全員に対して、信頼残高が積み上がっていくのです。

紹介された相手とは、10年単位で付き合う覚悟を持つ

だからといって、紹介は誰にでも安易にお願いできるものではありません。

紹介された相手とは、10年単位で付き合うくらいの覚悟が必要です。そして、「絶対に関係者に損をさせない」という覚悟も必要です。

信頼というものは、

「この人は期待を裏切らないだろう」

「きちんと約束を果たしてくれるだろう」

という信用がいくつも積み重なって出来上がるものです。そしてそれは、あなた自身の覚悟で決まります。

ですので、私は短期的なメリットだけで人を紹介してもらうことはしません。

短期的なお付き合いでは、その覚悟が持てないからです。

また、「○○○○さんを紹介したいのですが」と提案をいただいても、相手

を調べてピンとこなかったら、やんわり断るようにしています。

24時間３６５日働く「自分紹介ツール」を準備せよ

あなたは、誰かに自分を紹介してもらう時に効果的な「トーク」や「ツール」を用意していますか。

私は、書籍、YouTube、公式サイト、パンフレット、といったツールを用意して、事前に自分を知っていただきます。

これが「自分紹介ツール」で、いわば私の分身です。

私が紹介者に四六時中同席するわけにはいきませんが、紹介ツールがあれば先方の都合のいい時に好きなだけ私のことを知ることができます。

例えば、私にとってYouTubeは、24時間３６５日休まず働く私の演説部隊です。**紹介時のミスマッチを防ぐためにも、事前にあなたの考え方、活動内容を知っていただくほうが圧倒的にうまくいきます。**

YouTubeで年間50人ほど行っている著者と私の対談も、新たな著者に依頼する時は「〇〇さんの著書に共感したので、対談をお願いしたいのですが、こちらのサイトご覧いただけますか？」とメール一通で私と過去の対談相手のことがすべてわかるようにしています。

深く付き合いたい人の頭の上に、賽銭箱を乗せよ

私は自分が一目置く人からは、お金を受け取らないようにしています。

そして無償で、相手の望みを叶えるようにしています。

なぜなら、**そのようにしたほうが、お金を受け取るより、もっと大きなものを受け取れるからです。**

その一つが人脈です。

ある時、私はどうしても自分の目標を達成するために、相手の人脈をお借りしたい時期がありました。

どうするか？

徹底的に考えた末に私が実行したのは、サービスを提供してもお金を受け取

らず、相手の望みを叶える方法でした。

当時の私は、顧客開拓に苦戦していました。そこで目をつけたのが、経営者向けのビジネスコミュニティを主宰されている社長さんです。

その経営者は、定期的に勉強会やイベントを開催されていました。

そこで私は、勉強会に必要なチラシやテキスト作成、当日の運営をサポートしました。

しかも、一切お金は受け取らず、経験と人脈だけを積み上げていきました。

その結果、自社で広告宣伝しただけではアプローチできなかったであろう企業から契約をいただけたのです。

ミリオンセラー作家の佐藤伝さんに教わったことで、非常にユニークでパワフルな考え方があります。

「目に見えない賽銭箱」です。

考え方はとても簡単。

まずあなたが深く付き合いたい人の頭の上に賽銭箱があるとイメージします。そして、その人のために見返りを求めず、常に投げ銭をしていきます。すると、ある一定以上貯まったら、突然賽銭箱がひっくり返って自分に戻ってくる、という何ともユニークな考え方です。

私はこの考え方が大好きで、大切な人に出会う度に私なりの形で投げ銭することを意識しています。

今では、見返りを求めるというより、投げ銭すること自体が喜びになっています。

人脈は、すぐにお金に換えようしてはいけない

ここで一冊の本を紹介します。

ペンシルベニア大学ウォートン校教授で、組織心理学者のアダム・グラント氏が書いた『GIVE&TAKE～与える人こそ成功する時代～』（三笠書房）です。内容はタイトル通り、与える人が成功する、というメッセージなのです

が、３種類のタイプが登場します。

「ギバー」「テイカー」「マッチャー」です。

「ギバー」とは、自分が受け取る以上に他人に与える人。

「テイカー」は、常に自分の利益を優先する人。

「マッチャー」は、与えることと受け取ることのバランスを取る人。

ギバーは、与えることで長期的な人脈を築き、最終的に多くのリターンを得ます。テイカーは短期的には利益を得ますが、長い目で見ると人の信頼を失って、リターンはおろか損することもあります。マッチャーはその中間で、何かをしてもらったら何かを返すという人で可もなく不可もなくといったところでしょうか。

自分を犠牲にするだけのギバーでは、単なるお人好しに終わってしまいますが、ここぞという時に他力を引き出せる人脈を持っていることは大切です。

以前お会いした投資のプロも同じことを言っていました。

「投資の基本は、安く買って、高く売ること。でも多くの人はこれができない。なぜなら余裕がないから」。

安く買えるまで待つ余裕、高く売れるまで待つ余裕、これが大切なのです。
人脈も、すぐにお金に換えようとしないことです。

「人の人脈を使う」まとめ

◎友達の友達は、友達
◎誰から紹介してもらえるか？　が大切。「紹介者の信頼」を担保に人に会う
◎紹介者の信頼レベルが高いと、あなたの信頼度も高くなる
◎紹介された相手とは、10年単位で付き合う覚悟を持つ
◎24時間３６５日働いてくれる「自分紹介ツール」を準備する
◎大切な人からはお金を受け取らず、タダ働きで信頼残高を貯めておく

他力思考7つの技法　その7

人のモノを使う

所有欲を手放せば、欲しいモノは今すぐ手に入る！

今の時代、あなたが欲しいモノは大抵誰かが持っています。

先日、スウェーデンのストックホルムに滞在した時に電動キックボードを乗り捨てている人がいて、とてもびっくりしました。

しかし、これが正しい利用方法だということを後で知りました。

彼は、電動キックボードのシェアリングサービスを利用していたのです。

シェアリングサービスに代表されるように今は、モノを誰かとシェアするのは当たり前です。逆に「家を建てたら一人前」「高級車に乗りたい」という価値観が古くなってきています。

あなたも所有欲、他人との比較、こういったものから自由になれば、必要なモノは3年後ではなく、今すぐ手に入るわけです。

また、シェアリングは、地球にとっても、人間関係においてもサスティナブル（持続可能）な生き方、働き方になってきています。

そして人とシェアする共有欲を満たすことで、あなた自身、他力を使いやすくなります。

「人のモノを使う」を身につけるための具体的方法
「それ貸して！」を言える自分になる

人のモノを使う時に大切なのが、**自分の内側にある「所有欲」を終わらせることです。**

自分の所有欲が高いうちは、自分のモノと相手のモノが分離してしまいます。

しかし「所有欲」を「共有欲（シェア欲）」に切り替えると、上手にモノの貸し借りができるようになります。

そしてそれは、人との比較ではなく、人とつながることを意味します。

自力で頑張ってきた人ほどお願いするのが苦手です。
苦手であれば、強制的に言葉を変えてみるのも一つの手です。

例えば、「それ貸して！」を意識して使ってみましょう。

最初は、身の回りの小さなモノ、消しゴムやシャープペンシルなどでもかまいません。

やがて、相手にとって一番大切なもの、例えば大切な人脈、推薦の声、といったものまで借りられるようになると、あなたは一人前です。

モノがなくても、ビジネスが始められる時代がやってきた！

googleでは、さまざまなサービスを、無料もしくは低価格で提供しています。私もgoogleのツールの恩恵を受けている一人です。

手帳の代わりにはgoogle カレンダー、カーナビの代わりにはgoogle map、パワーポイントの代わりにはgoogle スライド、ワードの代わりにはgoogleドキュメント、エクセルの代わりにはgoogleスプレッドシート、動画をアップする時にはYouTube 、ホームページをつくりたいならgoogleサイト、フォームをつくりたいならgoogleフォーム……挙げれば切りがありません。

本当にさまざまなものが無料で使えます。

そして、このようなツールのおかげで無限に生産性が高まります。

これまで何度も紹介していますが、YouTubeの動画は、あなたの代わりに24時間365日働いてくれます。

人間がやるべきは、他力を使って生産性を無限に伸ばす方法を考えること。

自分が手足となって動いてしまっては、それが制限になってしまうのです。

オフィスもコワーキングスペース、バーチャルオフィスが普及し、ネットワーキング機能も追加されつつあります。

本当に、ゼロからビジネスが始められる時代がやってきたのです！

「人の人脈を使う」まとめ

◎所有欲を手放せば、欲しいモノは今すぐ手に入る！
◎所有欲より、共有欲を満たす
◎「それ貸して！」を気軽に言えるようになる
◎googleのツールを使って、生産性を無限に伸ばす方法を考える

第3章

「他力思考」を使って、最短最速で1億円プレイヤーになった方法を教えます！

Get the
Best Results

「他力思考」を使って最短最速で1億円プレイヤーになった私の方法

7つの他力思考を解説してきましたが、いまひとつイメージが沸かない、という人もいると思います。

この章では、私がいかに自力思考の地獄から抜け出し、他力思考で結果を出してきたかを紹介いたします。

「はじめに」でも少し触れましたが、独立したばかりの私は、仕事面で大変な行き詰まりを感じていました。

当時はマーケティングコンサルタントとして、中小企業の集客支援をしていたのですが、収入、時間、場所、成長、すべての面で限界を感じ、にっちもさっちもいかない状態でした。

その当時の私の「自力思考」は、

①自分の頭を使う：アイデアを自分だけで考え、行き詰まる
②自分の時間を使う：自分の時間だけを使って、休みが1日もなくなる
③自分のお金を使う：お金を使って採用・教育するも、人が辞めてしまう
④自分の手足を使う：広告やチラシの制作を代行し、考える時間がなくなる
⑤自分のエネルギーを使う：なんでも自力で頑張り、疲れ果てる
⑥自分の人脈を使う：新しい出会いがなく、人脈が広がらない
⑦自分のモノを使う：仕事のツールは自分で購入。古くなったら買い換える

でした。

それを、このような「他力思考」にマインドシフトしたのです。

①人の頭を使う：年収1億円を達成している人たちにキラークエスチョンを投げかけ、言われた通り実践した
②人の時間を使う：クライアントが自学自習で結果を出す仕組みを構築した
③人のお金を使う：受講生にお金を払ってもらい、コミュニティメンバーの採用と教育を行った

④人の手足を使う：仕事の代行を一切やめて、事務作業はすべてアウトソーシング

⑤人のエネルギーを使う：「お客様の成功事例」を強みとしてマーケティングしている

⑥人の人脈を使う：会いたい人には、大切な人に紹介してもらって会う

⑦人のモノを使う：googleの無料ツールを使い、シェアリングサービスを利用する

に変えた結果、圧倒的な成果が出るようになったのです。

一つずつ見ていきましょう。

Before ①自分の頭を使う　アイデアを自分だけで考え、行き詰まる

当時、クライアントからは集客、売り上げの増大、という具体的な結果を求められていました。最初は過去の経験を切り売りすることで、自信を持ってサポートでき、結果も出ました。しかし、次々と集客の課題は出現し、新たな解決策を出さなければなりません。

私の頭だけではアイデアが出ず、クライアントの要求に応えられないため、1社、また1社と契約が終わっていきました。ビジネスパーソンとして自信もなくなり、新規顧客開拓もうまくいかず、売り上げも下がっていきました。

After ①人の頭を使う　年収1億円を達成している人たちにキラークエスチョンを投げかけ、言われた通り実践した

自分の頭では、過去の延長線上のアイデアしか出せないと割り切った私は、年収1億円の社長にある質問をしました。

さらに教育スクールビジネスの市場で1億円プレイヤーとして5年以上活躍している3人の方にも同じ質問をしました。どうやって1億円プレイヤーと知り合えたのか？　まず一人目は「タダ働き」です。タダ働きで信頼を得て、大切なことを教えていただきました。また、成功している人の周りには成功している人がいます。そこで、この方に他の1億円プレイヤーを紹介していただきました。合計４人に膝と膝を突き合わせて、深くインタビューさせていただきました。

その質問が、

「ゼロから最速で1億円プレイヤーになるには、何をどの順番でやればよいでしょうか？　それぞれの手順で気を付けておくべきことも教えてください」

です。

すると、驚くべきことにみなさん、全く同じ答えが返ってきたのです。

◎**商品：**高額×長期継続×大人数の強力な単品リピート商品をつくること

◎**戦略：**接近戦で商品を販売する仕組みをつくること

◎**継続：**ノウハウだけでなく、ツールとコミュニティに投資し、顧客価値を上げ、お客様に継続していただくこと

◎出版：出版を通じて、知的水準の高い人たちに認知してもらうこと

◎チーム：集客と売り上げを追求するマーケティング責任者とセールス責任者、顧客満足と継続率を追求するカスタマーサクセス責任者をチームに入れること

◎会計：優秀な税理士を雇い、管理会計を行うこと

私は、早速これらを1年間の事業計画に落とし込み、毎日成功のイメージを描きました。

さらに1億円プレイヤーたちにはメンターになっていただき、定期的に、報告・連絡・相談をしながら、適切なフィードバックをいただきました。

その結果、やるぞ！　と決めてからぴったり1年で1億円プレイヤーになれたのです。

Before ②自分の時間を使う

自分の時間だけを使って、休みが1日もなくなる

創業後しばらくしてからは、7社のクライアントを同時にサポートしていました。

毎週訪問し、朝から晩まで会議や打ち合わせが続きます。

私は広告やチラシ制作も担当していて、終わらない時は、自宅に持ち帰って深夜まで作業をしていました。

チャットでいつでも連絡を取り合っていたため、食事中、移動中も、ずっと仕事に追われていました。当然、休みの日はなくなり、一番しんどい時は、朝が来ることが恐ろしく、目が覚めることが恐怖でした。

寝ている間も、頻繁に金しばりにあい、ハッと目が覚める日々が続きました。それでも、寝ている間の悪夢のほうがマシだと思うほど、疲労困憊してしまっていた時期もあります。

年に数回、体を壊して、強制的に休みを取るような状況でした。

After ②人の時間を使う

クライアントが自学自習で結果を出す仕組みを構築した

それまでは一人ひとりに説明してきましたが、これでは時間がいくらあっても足りません。毎回マーケティングの解説をして、毎回、同じような質問に答える虚しさも感じていました。

そこで、代行型のコンサルティングから、教育型のコンサルティングに切り替えました。代行は一切やらない、と決めたのです。

まず、知識提供は、**書籍やオンライン講座など、一度つくったら、永久的に残り続けるものに切り替えました。**

プログラムも体系化し、クライアントが自学自習で結果を出す仕組みを構築しました。

これによって、クライアントが100人いても、200人いても、彼らの時間を使って自学自習して結果を出していただけるようにしました。

私は個別の課題解決のフィードバックは行いますが、それ以外はクライアントの時間を使っています。

Before ③自分のお金を使う 人を採用・教育するも、辞めてしまう

当時、私はあまりに多忙だったので、スタッフを採用しました。

しかし、彼らの能力を活かしきれず、結局、ある程度仕事を覚えたタイミングで彼らは辞めてしまいました。

自分自身の時間さえ満足に取れない中、十分な指導もサポートができなかったので、本当に申し訳なかったと思っています。

私のクライアント先でも、多額の採用費、教育費をかけ、これからという時に辞めてしまった！　という話をよく聞きます。

売り上げが伸びたため人を雇ったものの、一定期間が経つと辞めてしまい、結局、自分自身がこなせるだけの売り上げまで縮小してしまう……。

このような経験をされたことのある企業経営者の方は、少なくないと思います。私も同じことを繰り返し、別の方法を模索するも妙案が出ず、しかも止まれませんでした。

出口のないラットレースの中を、ひたすら走っていました。

After ③人のお金を使う

受講生にお金を払ってもらい、コミュニティメンバーの採用と教育を行った

現在の私の経営スタイルは「ひとり社長」です。

従来の会社経営は、人材の採用と教育にお金を払っていました。

今は、マーケティングを採用活動だと捉えて、結果の出るクライアントが集まり、コミュニティに入会する仕組みをつくっています。

それによって、クライアント自身が私にお金を払い、ビジネスを構築していきます。ビジネスは世の中の問題を解決することですが、それが自分の売り上げにならなくても私はよいと考えています。

私が100億円の会社をつくるのではなく、年間1000万~1億円の会社の社長が数百人集まるコミュニティをつくっているのです。

これなら、自社の売り上げにはならなくても、100億円分の社会の問題を解決していくことができます。

また、私自身は、ひとり社長なので、ゼロマネジメント。

チームもすべて個人事業主か法人とパートナーシップを組んでおり、プロセ

スは一切管理せず、成果だけでつながっています。

私が実現したいことは、世の中の問題解決、理想の実現であり、自社の売り上げを伸ばすことではありません。だから、クライアントにお金を払ってもらうコミュニティ型の組織づくりでよいのです。

Before ④自分の手足を使う　広告やチラシの制作代行をし、考える時間がなくなる

当時、私が行っていた仕事は、コンサルタントとは名ばかりの「作業代行業」でした。日雇いのアルバイト時代よりは単価は上がっていましたが、本質的には人材派遣と変わらず、自分の時間を切り売りしていました。

作業と納期に追われ、クライアントから、「これはちがう」「そうではない」と指示され、深夜になっても修正に悪戦苦闘。とにかく手を動かし、納期に間に合わせなければならず、思考を停止した作業が続きました。

世の中のコンサルタントは、思考力を武器に活躍しているイメージですが、私の場合は完全に思考停止状態。

忙しくなるほど、思考力は低下、停止していきました。鉛筆けずりで削られる鉛筆のごとく身をすり減らし、使えなくなったら新しい人と交換される。

いわば機械の部品のような働き方をしていたのです。

After ④人の手足を使う 仕事の代行を一切やめて、事務作業はすべてアウトソーシング

「人の時間を使う」でもお伝えしましたが、私は代行仕事を一切やりません。

またプライベートにおいてもさまざまな代行サービスを活用し、家族の時間を増やしています。

家事代行に始まり、中古品を販売してくれる販売代行サービスもあります。

引っ越しはもちろん、その後、段ボールを開けて整理整頓までやってくれるサービスもあります。このサービスを紹介してくれた経営者の方は、まるで小人が寝ている間にきれいに仕事をしてくれているようだ、と話していました。

引っ越しの後、何日も段ボールが積んであるだけでテンションが下がりますから、素晴らしいサービスだと思います。

Before ⑤自分のエネルギーを使う　なんでも自力で頑張り、疲れ果てる

ある時、あまりに忙しすぎて、「なんで私はこんなに忙しいんだ！」と自暴自棄になり、被害妄想状態になっていた時期があります。

当時、家族や友人・知人は、私のことを心配して手を差し伸べようとしてくれました。

「何か手伝えることはある？」という言葉をかけてもらっていたのです。

にもかかわらず、どのように頼ってよいのかわからない私は、「自分で頑張ります」と返していました。

周りの「ちょっと休んだら」という言葉にも、「あなたみたいに暇ではないんで」と憎まれ口を叩く始末。

周囲のサポートの手を振り払い、「誰もわかってくれない！」とひとり自力思考の地獄に突き進み、どんどん孤独になってしまったのです。

その結果、周囲との関係もギクシャクし、余計にエネルギーを消耗。

周囲も呆れて、「あんな失礼なヤツに誰が手を貸すものか」と思われても仕方のない状況でした。

After ⑤人のエネルギーを使う 「お客様の成功事例」を強みとしたマーケティング

私のビジネスの中核は、「お客様の成功事例」です。

教育事業は無形サービスなので、どんなに言葉や文章で伝えようとしても、なかなか伝わりません。伝えようとすればするほど、胡散臭くなってしまいます。つまり1馬力ではどんなに頑張ってもダメなのです。そこで、自社サービスの魅力を、お客様に代わりに語っていただくようにしました。

それが「お客様の成功事例」です。

これは、エネルギーの結晶です。結果を出したお客様の動画やインタビュー記事が、私のウェブサイトに掲載されています。

すべて、切れば血がほとばしるほどのエネルギーを持っています。

みなさん、本気で結果を出してくれているからです。

人のエネルギーは「コピペ」できません。

このエネルギーをお借りすることによって、私のビジネスのマーケティングは非常にうまく回っているのです。

Before ⑥自分の人脈を使う　新しい出会いがなく、人脈が広がらない

仕事で忙殺されていた時期、人との新しい出会いはほぼありませんでした。たまに食事に行ったり、趣味のテニス仲間とつながるくらいで、ビジネスで生きる人脈は育ちませんでした。

仕事で課題に直面しても、相談できる相手が見つからず、ひとりで完結できる小さな仕事に引きこもっていたのです。

毎日決まった人としか会わない自分がいる一方で、インターネットやテレビで見る世界はどんどん進んでいます。時代から取り残されたような気分になりました。独立したものの、複数のクライアントと一定の距離を置きながら関わっている。どこにも、自分の居場所を感じることができませんでした。

After ⑥人の人脈を使う　会いたい人には、大切な人に紹介してもらって会う

私は年間50名の著者と対談を行っています。

私にとって一番の勉強法が、著者と対談することです。

それぞれの専門家、プロフェッショナルが何十年かけて掴んできた知恵を数時間で学ぶことができます。

著者対談は、テレビ番組「笑っていいとも！」のテレフォンショッキングのように、紹介で広がっており、プロフェッショナルの人脈が毎月増えていきます。

始める時に私が意識したのが、**最初の対談相手です。**

出版不況と言われる現代において、累計１００万部を超える実用書の作家は、「生きる伝説」と言われます。

このような状況の中、累計７００万部のベストセラー作家、本田健さんに依頼し、出演していただきました。これが端緒となり、その後ミリオンセラー作家の佐藤伝さん、永松茂久さんにも出演していただきました。

余談ですが、本田健さんとは20代の頃、何も実績のない私に仕事を下さったご縁があります。

そのご縁も、会社員時代に、週末の時間を使って、本田健さんの講演会のボランティアスタッフをさせていただいたことから始まりました。

振り返ると、タダ働きから、全てのご縁がつながっているのです。

また、コミュニティメンバーからの紹介で、上場企業の創業者である山本敏行さん（Chatwork株式会社）にも出演していただきました。

恐らくですが、いずれの方も私が直接出演依頼をしていたら、断られたはずです。

出版の世界は、紹介が基本です。例えば、パーティーで挨拶したい出版関係者がいても、しかるべき方に紹介していただけるタイミングがなければ、失礼のない範囲で挨拶をしないようにしています。

第一印象は非常に大切です。

自分から名刺交換に行ってファンと同列になるのか、一流の先生から紹介いただいてプライオリティを上げるのか……。私の実力とは関係なく、誰に紹介してもらうかで人に与える印象は変わるのです。

Before ⑦自分のモノを使う
仕事のツールは自分で購入。古くなったら買い換える

前の章でも少し書きましたが、以前はMicrosoft Officeの買い切りソフトウェアを使っていました。

そのため、２０１１年になっても、２００７年度版を使っていました。すると、例えばパワーポイントでは、バージョンが古いとスライドがずれてしまいました。

またgoogleスライドやApple のKeynoteにファイル変換してもずれてしまい、データのやりとりが不便です。

ソフトウェアの購入にはそれなりの費用がかかるので、古いバージョンを使い続け、生産性が落ちていました。

また、もっと勉強したいと思いつつ、お金がなかったので本やオンライン講座を購入することができませんでした。

After ⑦人のモノを使う

書籍はデキる先輩からあえて借りる。googleの無料ツールを使い、シェアリングサービスを利用する

今、仕事で使っているツールの大半はgoogleの無料ツールです。

つまり、googleのモノを使っています。

googleのツールは基本的にはクラウドサービスなので、チームやお客様と簡単に同期でき、パソコンやスマートフォンを無くしてもデータが消えることはありません。

また、定期的にアップデートされるので快適です。

ビジネスツールのみならず、プライベートでも「所有」しているものは少なくなっています。

今では、家、服、車、自転車、ホテル、こういったものもシェアリングサービスが普及しています。

所有欲と上手に付き合うと、お金が貯まっていきます。ベンツを買いたいと思ったら、まずはレンタルしてみる。

本当に所有したいと思ったら買えばよいですし、レンタルで十分だと思ったら必要な時に借りることで、常に新型モデルに乗ることができます。

大富豪の生活をしたいと思ったら、国内外のリゾート地では、大豪邸がエアビーアンドビーなどの民泊サービスで貸しに出されています。

私も友人たちと、アジアや沖縄の大豪邸に宿泊したことがあります。

あなたが所有していなくても、持っている人は持っています。

使いたい時に、使いたい分だけシェアさせてもらえばよいのです。

また、本については私は20代の頃、仕事のできる先輩に本を借りる習慣がありました。

特に、先輩が繰り返し読んでいる本をお借りしていました。

営業、マーケティング、会計、自己啓発……ビジネスで結果を出している人が繰り返し読む本は宝の山です。

特に、彼らが線を引いた箇所については読み込み質問しました。すると、自分では思いもつかない深い答えが返ってきて、仕事のうえで大きなヒントになりました。

余談ですが、本を借りたお礼として、先輩に感想をお送りしていたら、代わりに本を買ってくれるようになりました。

「自分には読む時間がないから、代わりに読んで要約してくれ」という意味だったのでしょう。

これがビジネスブログを始めるきっかけとなり、ひいては本を書くきっかけにつながりました。

目標を達成するための他力思考　まとめ

「もらうのではなく、借りている」という気持ちがあるか

これまで読んできた方ならもうおわかりだと思いますが、「他力を使う」といっても、一方的にもらえるわけではありません。

あくまで、「お借りしている」のです。

お借りしているものは、返す必要があります。

借りたものを返そう、と意識して実践していくうちにあなたの潜在能力は徐々に開花していくのです。

私の原動力は「恩返し」です。

人はこの世に生を受けて、いつか亡くなり、土に還ります。

生を受けた時、私たちはたくさんのものをお借りしている状態です。

両親、祖父母、兄弟、友人、恩師、上司、部下、地域の人たち、国……あなたは生まれてから今日に至るまでたくさんの人と出会い、たくさんのものを借りてきました。

家族は時間とお金をかけてあなたを育ててくれました。例え頭ごなしに叱られたことがあっても、それは愛情の裏返しです。

また、学校の恩師や会社の上司はあなたに知恵を貸してくれました。

国や地域は公共サービスを提供してくれています。街がきれいなのは、ゴミ収集者が無料で持っていってくれるからです。毎日を安心して暮らせるのは、警察が守ってくれているからです。２０１９年、私は世界20ヵ国を回りましたが、日本ほど綺麗で安全な国は本当に希少です。

最近、私の中で、受け取ったものを還すことが人生である、という人生観が芽生えてきました。

世界的ベストセラー『7つの習慣』の著者、スティーブン・R・コヴィー博士は、「生まれた時より、よりよい世界にしてこの世を去る」という言葉を残されたそうです。

コヴィー博士の人生は、この言葉を体現されていたと思います。

他力思考とは、いかに相手を自分の思い通りに操るか？　効率よく使うか？ではないのです。

他力思考を支えているのは、自力思考

社会はすべて交換で成り立っているとしたら、**たくさんの他力を使うには、それ以上のものを与える必要があるのです。**

それが素晴らしい人生への道だと確信しています。一方的にもらおうとすると人生は不幸です。そのような「依存思考」では、あなたの欠乏は拡大し、その闇に飲み込まれてしまうことでしょう。

他力思考と自力思考は融合していきます。

他力を使うために、あなたは相手に何を与えますか？ あなたの「やりたいこと×得意なこと」を磨き、経済価値を高めていく。

それ以外のことは、他力を使わせていただく。

自己理解と他者理解が大切なのです。自分の強みに集中し、経済価値が高まるほど、相手との価値交換は容易になります。

実は他力思考を支えているのは、自力思考です。

けれども、苦手なことまで頑張る必要はありません。

自分の価値を磨き、ないものは借りればいいのです。

「自力×他力」の最大化が、とてつもない目標を達成させるコツ

もう一度、お伝えします。

他力思考を支えているのは、自力思考です。

あなたの市場価値が上がれば上がるほど、ラクに他力を調達できるからです。

ビジネスは価値と価値の交換が基本なので、相手が欲しい価値をあなたが持てば持つほど、多くの人と交換できるようになります。

先に日雇いのアルバイトをしていたことをお伝えしましたが、当時、私はそこから脱するために、アルバイトが休みの日に、ある社長の勉強会を手伝うことで、次のチャンスを掴もうとしていました。

最初は、何とかしてもらいたいという依存心いっぱいの気持ちで参加していたため、なかなか貢献できることが見つかりません。

しかしある時、社長から、「今日話した内容をテキストにまとめてくれない

か？」と言っていただきました。

すぐさま、「やらせていただきます！」と答えたところ、その社長が、「彼がテキストをまとめるので、1人1万円で欲しい人はいますか？」と参加者に聞いてくれたのです。結果、7人の社長が欲しいと言ってくださり、その場で7万円が集まりました。

あの時いただいた7万円のことは、今でも忘れません。誰かに自分の価値を与えるきっかけをいただいたからだと思います。

その後、自分でできる限りのテキストを作り、納品させていただきました。

また、その仕事が縁で次の仕事につながり、独立のきっかけになりました。

その頃に比べ、今は高収益ビジネスの経営、出版など独自の活動が増えてきたので、以前よりも、ビジネスの情報交換がやりやすくなり、キーマンも紹介してもらえるようになりました。

とはいってもやはり、他力思考を使うベースは、自力思考なのです。

また、**「他力を頼るけれど、最後は自分でやる」という覚悟が他力を引き寄せるのも事実です。**

最近YouTubeで、面白い動画を見ました。

最初はある人がひとりで楽しそうに踊っていたのですが、見ていた人がひとり、またひとり、とダンスの輪に加わって最後は、大勢の人でダンスを楽しむようになったのです。

自力思考と他力思考は、綿あめにおける、棒と綿のような関係にあります。

棒がなければ、綿は集まりません。しかし、棒があると、どんどん綿は増えていき、最後はとても大きくなります。

最初は誰も協力してくれなくても、自分はやる！　という覚悟。

その覚悟に他力は集まります。

他力思考の本質は、あなたの大好きで得意なことを棒にして市場価値を高め、それ以外のことは綿を集める、つまり他力を使う。

つまり、**「自力×他力」の最大化が、とてつもない目標を達成させる最大のポイントなのです。**

第4章

人生に役立つ「他力思考」を磨く5つのステップ

Get the
Best Results

他力思考を使えば、仕事だけでなく人生も劇的に変わる

他力思考を使うと、仕事や大きな目標が達成できるだけでなく人生そのものもよくなっていきます。

以前の私は、「仕事で結果を出さなきゃダメだ」と焦るばかりで孤立し、自力地獄にはまっていました。

しかし、他力思考を使い始めると、自己理解と他者理解がぐっと進むようになりました。

幸せを感じるポイントは、人と人との関わり合いにあります。

ですので、他力思考で関わる人の数と質が向上すれば、人間関係が良くなり、自然と幸福度が上がるのです。今は、家族や仲間、お客様の力をお借りしながら、幸せな人生を送っています。

本章では、人生に役立つ他力思考について紹介いたします。

Get the Best Results

人生で役立つ他力思考◎ステップ1
自分だけでは到底達成できない夢を描く

自分だけでできるなら、そもそも他力を使う必要はありません。

自分だけでは実現できない夢、誰かと叶えたほうが楽しい夢を描きましょう。

私の場合、ビジネスでは事業計画を仲間と立て、プライベートでは、家族で人生計画を立てます。

第２章で紹介した私の知人に、シンガポールを拠点に複数の教育事業を手掛けている三宅裕之さんという方がいます。

三宅さんに教わった「家族ノート」を書くようになってから、家族の夢は劇的に叶うようになりました。

「世界一周旅行に行く！」という夢をノートに書き、妻と旅行ガイド片手に行きたい国をリストアップ。

翌年、ビジネスを回しながら、世界一周旅行に行くことができました。

三宅裕之さんをはじめ、突き抜けた結果を出している方たちが共通しておっしゃるのがこちらです。

What（夢・目標）と同時にHow（方法・計画）は考えない

What（夢・目標）と同時にHow（方法・計画）を考えると、自力の枠から抜け出せなくなります。そして、What（夢・目標）のレベルが下がります。

そうではなく、How（方法・計画）はわからないけれど、達成したいWhat（夢・目標）を描くことで、自力を超えた強いエネルギーが生まれ、他力を引き寄せるのです。

Get the
Best Results

人生で役立つ他力思考◎ステップ2
自分の不得意に降参する

「短所を克服している暇があるほど、人生は長くない」。

これは、あるメンターに言われた言葉です。

片付けでも、料理でも、洗濯でもなんでも、あなたにもきっと苦手なことがあるはずです。

しかし、世の中不思議なものであなたがどうしてもできないこと、苦手のことを得意とする人もいるのです。

であれば、自分の不得意にはさっさと降参して、人にお願いしてしまいましょう。

しかも、**不得意には積極的に降参してしまいましょう。**

自分の不得意に降参すると、それが得意な人を素直に尊敬できます。

降参していないと「負けるもんか！」と競争心が生まれてしまうのです。その競争心が、人の助けを遠ざけてしまうのです。

素直な心で降参すれば、「力になってやろう！」と協力してくれる人が集まりやすくなります。

Get the Best Results

人生で役立つ他力思考◎ステップ3
人が真似できない得意に磨きをかける

あなたが自分の得意に磨きをかけ、経済価値を高めれば高めるほど、必要な他力は手に入りやすくなります。

私の場合、ビジネスの専門性が高まれば高まるほど、その道のプロと仕事がしやすくなっていきました。

ビジネスは価値と価値の交換が基本です。

あなたが他人の持っていない突き抜けた得意を持つほど、優秀な人たちとコラボしやすくなります。

では、人が持っていない、「真似できない得意」をどう磨くのか？

私の場合、模倣できない価値というものを年単位で設定して、価値を磨くトレーニングをしています。

例えば２０１９年は、簡単に模倣することが不可能な５つの価値を磨くことを意図してきました。

それが次の５つです。

◎お客様の結果：目標達成したお客様の事例を公式サイトに掲載
◎顧客数：顧客数を日次で管理し、マーケティングを常に改善
◎コミュニティ：お客様同士の人間関係を醸成し、相互支援のコミュニティを形成
◎メジャー：誰でも書けるブログではなく、本を定期的に出版
◎つながり：年間50名の著者対談により、著者ネットワークを形成

これら5つはすべて簡単に真似することはできません。私のウェブサイトは、お客様の結果が中心なので、ブログ記事のように内容をコピー&ペーストすることはできないのです。

これら目に見えない資産、付加価値を高めれば高めるほど、他力が容易に使えるようになっていきます。

ここで、「コピペしたくてもコピペできない得意」の磨き方をお伝えします。

それは、**「結果にコミット」することです。**

結果は、コピペできません。

作業にコミットしている人は、代わりの利く人材です。しかし結果にコミットする人は、付加価値が高く、他力を集めやすくなります。

Get the
Best Results

人生で役立つ他力思考◎ステップ4
好きな人とだけ付き合う

人間は感情の生き物ですから、誰だって楽しい人、好きな人といたいものです。そして、相手の他力を引き出す原動力は相手に好きなってもらうこと。

では、楽しい人になるにはどうしたらよいのでしょうか？

私が最も現実的だと考えているのは、**好きな人とだけ付き合う、ということです。**

嫌いな人と付き合いながら、楽しい自分を演出するのは疲弊します。**他力を使うには、自分の好き嫌いを明確にする自己理解と、相手の好き嫌いを把握する他者理解をベースに、好きな部分を掛け合わせていくことが大切です。**

とはいっても、現実的には職場や周りに嫌いな人がいる場合がほとんどでしょう。その場合は、できるだけ感情の回路をオフにして、必要最低限の付き合いだけにしておくことです。

自分の感情に嘘をついてまで嫌な人と付き合っていいことは1つもありません。ましてや、その人から他力を得られることはありません。

であれば、基本的に自分の好きな人とだけ付き合う。この姿勢を堅持することで人生そのものがいつの間にか好転していきます。

Get the Best Results

人生で役立つ他力思考◎ステップ5
自分の持っていない強みを持つ人と組む

何度もお伝えしてきたように、この世界は貸し借りで成り立っています。

一方的に相手からもらおう、奪おう、とする人は、短期的にはうまくいくことがあっても、長期で見たら必ず破綻します。

長期的な関係の中で、**上手に借りて、上手に返す、これが基本です。**

ビジネスはお互いのメリットのかけ算で成立します。

もしメリットが同じなら、「共感」という軸で結ばれます。

共通点を見つけて、広げていくと、共感の連鎖が起こっていきます。

今は、誰もが自分の名前で仕事を始め、好きな人と好きなプロジェクトを自由自在にコラボする時代です。

副業解禁、フリーランス、ひとりビジネス、という言葉が一般的になり、ひとりで仕事をしている人が多くいます。

しかし、自分ひとりでできることには限界があります。

あなたの強みを磨き、あなたが持っていない強みを持つ人と組むことで、生み出す結果も、受け取る報酬も、やりがいも、飛躍的に伸ばすことができます。

あなたがやりたいことは、きっと実現できます。もうひとりで頑張る必要はありません。

あなたの好き嫌いをはっきりさせ、好きな人とコラボしましょう。

あなたは何を差し出し、どんな他力を借りたいですか？

頭に浮かんだ「その人」に早速メッセージしてみましょう！

おわりに

私が他力思考に目覚めたのは、中学生の時です。

当時の私が志望校に合格するためには、「内申点」を上げる必要がありました。

成績表は5段階評価で、「音楽」以外の科目はすべて5を取ることができました。けれども、音楽だけはどう頑張っても「4」しか取れない。

そこで、もともと音痴な私が、数カ月頑張ったところで最高点を取ることは不可能だと判断し、作戦を練りました。

ところが、いろいろ考えてもいいアイデアが浮かびません。そこでシンプルに音楽の先生に放課後、相談に行ったのです。

「先生、志望校に絶対合格したくて、どうしても音楽の成績で5を取りたいんです。先生しか頼る人がいないんです。どうしたら、5を取ることができますか!?」

先生はしばし沈黙し、その後、私の肩を叩きながら「大丈夫だから、しっかり授業に参加しなさい」とだけ言いました。

ただ、その時の先生の力強いアイコンタクトから、私は音楽の成績で5を取り、成績表をオール5にして、志望校に合格する、という目標を先生と共有できた気がしました。

そして見事、先生から5をいただき、オール5を取ることができました。

先生の協力のおかげで、志望校にも合格できました。

このように、せっかく中学時代に「他力思考」のパワーに気づいた私でしたが、その後ちょっとうまくいくとすぐに傲慢になってしまい、何度も何度も自力思考の地獄にはまってしまいました。


この10年間、私は自分の小ささ、弱さを何度も痛感してきました。28歳の時に仕事がゼロになって、日雇いのアルバイトを経験しました。

ある時は友人の結婚式のご祝儀を工面できず、息をひそめるように過ごしました。このまま消えてしまいたい、と何度も思いました。

プライベートでは離婚も経験しました。

頑張れば頑張るほど、仕事もプライベートも周囲と距離ができ、孤立していきました。

すべてがゼロになった時、出会った女性が、私を自力地獄から救ってくれました。２人で夢を描き、自分の不得意に降参し、得意を伸ばしていきました。

その後その女性と結婚し、周囲からは人が変わったようだと言われています。ビジネスチームのメンバーも、随分と彼女から恩恵を受けていると言っていました。

すべては、自力思考だけで頑張るモードを手放し、他力思考で人とつながるモードに切り替えたことが理由です。

この世界は、人とのつながり、貸し借りで成り立っています。

そのやりとりの中に、幸せや楽しさがあります。さあ、あなたも自力思考と他力思考のハイブリッドで、楽しく結果を出していきましょう！

最後に、本文では「人の〜を使う」という表現を多用しました。

上から目線のように思われたかもしれませんが、「他力思考」は、相手の知恵や力を自分に都合良く利用しようという考え方ではありません。「お借りする」「協力していただく」という意味合いのことを、あえて「人の〜を使う」と表現しています。ご理解いただければ幸いです。また、「自力思考」によって、自分の価値を磨くことの大切さも、お伝えした通りです。

本書はたくさんの人の他力をお借りすることで、あなたに届けることができました。

ミリオンセラー作家の永松茂久さん、出版企画・編集のOCHI企画・越智秀樹さん、プレジデント社の岡本秀一さん、妻の麻祐子、チームの皆様、コミュニティの皆様、そして、両親に感謝します。本当にありがとうございます。

人生をかけて倍返ししていきます。

2019年11月吉日

小林正弥

私の目標達成を見届けている人たちの声

小林正弥さんは、ビジネスにおいてはもちろんプライベートでも次々に目標達成されています。目標に対してブレずに進める行動力と、前向きでエネルギーあふれる内面と親しみやすい気さくな人柄で、次々に目標を達成されているのを、間近でみています。

私を含めて周りの人たちをプラスパワーで満たしてくれる正弥さんは、愛される成功者として多くの人たちから信頼されています。（梁瀬愛子）

小林正弥さんは、【目標達成】のお手本のような方。目標に向けて、しっかり分析し計画を立て実践し、うまくいかない時は改善し、確実に達成できる男前な人。正直でまっすぐな人柄も魅力だと思います！（小林妙子）

私は、正弥さんが主宰するコミュニティに参加しています。コミュニティでは、毎月正弥さん自身がその月の活動と結果を報告しますが、毎月当然のように目標を達成されています。

「億を稼ぎながら世界を旅する」

そんな夢のような目標を達成できる人ですから、目標を達成できない姿が想像できないです。（たっちー）

正弥さんはTHE ONE（小林正弥のコミュニティ）の受講生と同じ目線で自身もチャレンジしており、毎月のグルコンでは必ず自身の成果を発表され、私たちに背中で自身の歩みを示してくれています。
毎月必ず成果を出されており、その秘訣は自分ではなくメンバーとの約束にコミットすることで目標達成を体現してくれています。
（TEN）

THE ONEの月一回のグループコンサルで、自身の実績を公表し、失敗したこともシェアしてくれています。とはいえ数値目標は毎回しっかり達成しています。

私が誰よりも早く失敗をし、みなさんに同じ失敗をさせないようにするのが私の仕事とおっしゃる頼れるリーダーです。

（山梨瑞希）


目標達成のための布石の打ち方が戦略的で、努力の投入量（自力・他力問わず）も相当ハイレベルです。持続性・再現性の高いビジネスモデルを構築しており、これからも目標達成していく方だと思っています。

（渡邊 崇）


たぶん、書籍やインターネットの情報を見るだけであれば怪しいと思う方も多いはず。ですが、実践会へ入会してみればそれはウソだとわかります。

目標達成のための仕組み化を、ここまでできるのか！ と実感しました。私も達成します！
（G）

正弥さんは目標を達成しているだけでなく、常にそれ以上を目指し柔軟に行動されています。自らの行動をありのままに話され、次への目標を見つけているその姿が、私たちを動かします。それは言葉でのアドバイス以上に影響があります。だから正弥さんの周りにはファンが増えていくのだと思います。

（津久井友美）

毎月１回の対面グルコンの冒頭で、正弥さん自身の１カ月の活動報告とともに、目標と達成度を数値で詳細に報告されています。私が記憶している限り、毎月、目標以上の結果を出されているのではないでしょうか。
自身の活動成果をここまでガラス張りにして報告できるビジネスコンサルタントにお目にかかったことがないので、とても新鮮です。また、この姿勢が受講生のやる気を引き出しているのだと思います。

（Aki）

正弥さんは本当に目標達成されています。思うように行かない時があっても、嘘偽りなく、真っ正面から立ち向かい、どんな困難も乗り越え、達成されています。常に有言実行です。
また、自分のことだけではなく、相手の成功や幸せを考え、行動できる正弥さんだからこそ、心より尊敬し、信頼しております。

（辻美由紀）

これまで私も多くの方を見てきましたが、正弥さんの目標達成意欲と行動するチカラ、実行力は圧倒的です。その目標達成力が1億円プレイヤーを実現している秘訣だと、大いに刺激を頂いています。（足立裕亮）

小林さんの主催されているビジネスコミュニティに属しております。目標達成ですが、小林さんは、毎日、毎週、毎月、目標達成をされています。その様子は、具体的に数と項目が指定されており、どのぐらい達成されたか、知ることができます。

項目は、主宰されているグループへの加入数、書籍出版、受講生のプログラム消化率、主宰プログラムへの集客など、多岐にわたっています。（M. T）

著書『自分を最高値で売る方法』からずっと追いかけていますが、毎回毎回、目標を達成していく姿に本当にすごいなと思っています。音声メルマガ時代からYouTubeも毎日コツコツ続けられていて（1年半以上）、あとを追いかけています。挑戦し続ける姿にいつも刺激を受けるばかりです。（大城ゆう）

月に一度のグループコンサルでの結果報告を拝見する限りでは、確かに目標は達成されています。参加メンバーが増えているのは確実で、そのメンバーのみなさんも少しずつ目標を達成されています。

自力と他力を上手に使いながら、定めた目標から逆算して毎日の小さな目標を達成していく。同じようにするのはなかなか難しいですが、正弥さんは私たちの前を歩いて常に手本や最短距離を見せてくださるので、励みになります。（いずみ）

正弥さんとの付き合いは10年以上の長さになります。今の活躍がすごすぎて派手に見えますが、彼のすごいところはコツコツと地味な積み上げを出会った当時から絶え間なくやり続けたことだと思います。それが彼の目標達成につながっていると思います。

それがあるから「すぐに効果がでる方法を知り得る」ことができたり、それを「クライアントに提供する」ということができているのだと……。今後も彼の近くでどんどん精度の増す《目標達成の方法》を学ばせてもらえたらと思っています。

（今谷鉄柱）


「自分も実践者の一人」の言葉どおり、常に行動し、結果を出し続けている。その姿に、こちらも良い意味で動かされる。

（松本 森）

小林さんは、長期目標を立てられて、それを逆算、毎日、毎月一つずつ、達成されています。毎日、日報で会員の私たちに、報告されているので、その計画力と達成度は明らかです。それを見て、私も「自分もやればできるんだ」という励ましをいただいています。

(M. T)


どの参加者よりも率先して全ての数値と行動を公開してくださる正弥さんの大きな背中は、何よりも説得力があります。まさに「やってみせ、言って聞かせて、させてみせ……」という山本五十六氏の名言を具現されている方です。

(中村浩希)


証言します。正弥さんは毎月、目標達成していらっしゃいます。何よりメンバーのサクセスを一番に考えてくださいますので、メンバーは次々に結果を出しています。そして私たちTHE ONEのメンバーと正弥さんは強い絆、信頼関係で結ばれています。ぜひ一度、正弥さんに会いに来てください。貴方も直ぐに真実がわかると思います。

(美加子)


正弥さんは、大変そうな苦しそうな顔は一切見せないので、1冊目の本を出される時もサラッと出版された印象がありました。でも、2冊目の執筆の裏話で、4〜5日ほど断食道場にこもって一気に書いたと言うのには驚きました。その前から宣言していましたが、素晴らしいコンテンツに書き上げて、まさに有言実行の見本だと思いました。いくらなんでもあんな短期間に仕上げるとは、目標達成の達人だと思います。

(エリー・グレース・戸田)

先生ではなく実践者。自身が結果を出し続けています。しかも圧倒的な結果を。そして、自らもメンバーと同じように、毎日活動報告されます。こんな人はなかなかいないですよね。目標達成へのゆるぎない意志を、日々の小さな活動の中から感じています。

（鈴木常生）


目標達成するためにプロセスに、直接的かつ本質的に関与ができるのは、究極「自分」だけであるという理論が本当に響きます。目標達成する体質を醸成させることの難しさを日々痛感しています。小林正弥さんは、知財の組み合わせで事業を立ち上げ多くの成功者を出し続けています。それが、いかに生易しいことではないことか。それがわかるからこそ、人を惹き付けるのだと思います。

（斎藤豪臣）


正弥さんは、常に大きな視野で淡々と目標達成をしていきます。最大の結果が得られる行動計画を立て、実践し検証、そして改善するというサイクルで、確実に目標を達成しています。その姿に、目標に対する自分自身の意識が変わりました。

（わたなべ由美）

正弥さんは何事にも真摯かつストイックに取り組み、また、生徒への自身の売り上げ成績をガラス張りの状態で開示している事で、しっかりと素晴らしい成績を達成されている事が私にも刺激になっております！　今後とも、よろしくお願いいたします！

（庄司誉幸）

①まず決断する
②数値化での目標設定
③既に達成している人と接する
④周りの人に支援される人脈術
⑤周りに宣言する
⑥細かな報告と情報発信で信頼を得る
⑦どんどん周りの人を巻き込む
⑧PDCAでの進捗チェックで達成へ
正弥さんは、誰よりも愚直にこのサイクルを実践されている方だと強く思います。

（田中悠太）

コンスタントに、毎月掲げた目標を達成しています。一過性のパワーで頑張って達成するという感じではなく、自然に、まるで散歩をしているかのような達成の仕方がいいと思いました。
自分ができないことを把握していて、うまく他人の知恵や力をかりて、無理なく成功している人だと思います。

（石川貴子）

【著者略歴】

小林正弥（こばやし・まさや）

ビジネス教育者、作家

株式会社教育スクールビジネス研究所代表取締役

1983年、埼玉県生まれ。2006年、早稲田大学理工学部卒。

「本業で結果を出して稼ぎ、結果の出し方を人に教えて稼ぐ」、ダブルインカムの手法を実践する「新・講座型ビジネス実践会」を主宰。「才能をお金に変える専門家」と呼ばれ、塾生には年間3000万円、１億円を稼ぐクライアントもいる。

25歳で独立したものの全く稼ぐことができず、時給900円の日雇いのアルバイトを経験。家族の治療費のため、自分を最高値で売ることを決意し、１カ月後に毎月210万円の報酬が得られるようになる。その後、自分を「商品」として１億円プレイヤーとなる。自身がお金に苦労した経験から、地に足のついたアドバイスには定評がある。著書に『自分を最高値で売る方法』『億を稼ぐ勉強法』（ともに、クロスメディア・パブリッシング刊）がある。

最速で10倍の結果を出す
他力思考

2019年12月21日　初版第1刷発行
2020年1月18日　第2刷発行

著　者——小林正弥
発行人——長坂嘉昭
発行所——株式会社プレジデント社
〒102-8641
東京都千代田区平河町2-16-1　平河町森タワー13階
https://www.president.co.jp/
電話　編集　03(3237)3732
販売　03(3237)3731
装　丁……小口翔平＋三沢 稜（tobufune）
出版プロデュース……永松茂久
編集協力……越智秀樹（OCHI企画）
組　版……朝日メディアインターナショナル株式会社
編　集……岡本秀一
制　作……関 結香
販　売……桂木栄一、高橋 徹、川井田美景、森田 巌、末吉秀樹
印刷・製本……図書印刷株式会社

ISBN 978-4-8334-2357-1

Printed in Japan